KB272883

이탈리아어 접어 속으로

이탈리아어 접어 속으로

김 운 용 지음

한국학술정보(주)

로망스어계 언어에서는 통사적인 현상으로 접어, 조동사, 일치 등의 연구가 중요한 주제 중의 하나이다. 이 책은 이와 같은 주제를 이탈리아로 국한시켜 제약기반 문법인 핵어 중심 구구조문법(Head-driven Phrase Structure Grammar)을 통해서 다루었다.

책을 펴내면서

이탈리아어 접어에 관한 박사학위논문을 쓰고 난 후 미흡했던 부분을 보완해서 학회지에 논문으로 기고했던 글들을 단행본으로 묶어서 『이탈리아어 접어 속으로』라는 이 책을 출간하게 되었다. 또 다른 책 『이탈리아어 통사론: HPSG 관점에서의 형태 – 통사론적 분석』을 읽고 난 후 이 책을 보면 이탈리아어의 조동사성과 접어에 대한 전반적인 이해가 높아지리라 기대한다.

글을 쓰면서 현상에 대한 이해를 높이기 위해서 접어에 대해 설명을 하고 분석을 하였기 때문에 부분적으로 겹치는 내용이 있어, 수정 / 편집을 고려했지만, 각각의 논문을 따로 읽을 수 있도록 편집하지 않았다. 형식이 다른 논문들을 같은 형식으로 통일시켰지만 가능하면 원 형태를 건드리지 않고 그대로 두었다.

일곱 편의 논문에서 다루어지는 내용은 다음과 같다. 1. "접어 ne 와 부분대명사 접어 ne"에서는 보충어와 부가어의 개념을 도입해서 기능이 다른 접어 ne를 세분화시키고, 직접 목적 대명사와의 차이점을 밝혔다. 2. "이탈리아 접어와 일치"에서는 단어 성질의 접어와 어미 성질의 접어를 구분하여 일치관계를 설명하였다. 3. "이탈리아어의 조동사의 분류와 형태 – 통사적 특징"에서는 조동사의 유형을 세분하였으며, 자질로 조동사, 본동사, 명사적 특징을 갖는 어휘를 구분하였다. 4. "일치의 방향성에 대해서"에서는 이탈리아어의 미명세 일치와 무표 일치에서 나타나는 현상은 통제자의 일치 값이 목표에 일치된다는 견해에 문제가 있음을 지적하고, 쌍방향적인 일치로 설명해야 된다고 주장했다. 5. "이탈리아어 강형태 대명사의 재조명: 접어 현상을 중심으로"에서는 강형태의 대명사와 접어 대명사를 구분해야 된나는 주장과 주격 접어 대명사와 강형태의 접어 대명사 자리는 주격과 혼용 가능한 위치이고, 형용사가 숙주어인 접어 대명사 자리는 강형태의 접어 대명사만이 나타날 수 있다고 주장하였다. 6. "간접 목적 대명사 loro는 접어인가?"에서는 이탈리아어의 접어는 일반적으로 1음절이지만, 2음절인 loro가 접어임을 밝히며, 1음절 접어와의 차이점을 다루었다. 마지막으로 7. "이탈리아어의 재귀사에 관하여"에서는 동사에 결합된 재귀 대명사가 잉여적이지 않고, 일반 동사가 갖지 않는 의미와 기능을 갖고 있음을 보여줌으로써 재귀 동사가 잉여적 정보를 포함하는 것이 아니라 잘 구분된 어휘적 정보를 가지고 있음을 보여주었다.

그리고 참고문헌에 보면 저자의 논문명이 2003년까지는 '이태리어'로 되어 있고, 그 이후로는 '이탈리아어'로 되어 있다. 영어의 음역 표기를 사용하는 것보다 이탈리아어의 음역 표기를 사용하는 것이 나을 것 같아서 2004년부터 바꾸어서 사용했다. 그래서 이 책에서는 '이태리어'라는 원제목을 '이탈리아어'로 바꾸어서 목차와 제목에 넣었지만 참고문헌에는 원제목을 그대로 두었다.

접어와 관련된 글들을 한 권의 책으로 묶어서 출간하게 해 준 한국학술정보(주)와 출판사업부 임은정 씨에게 감사를 표한다. 그리고 사랑하는 아내 남영미와 아들 김머민에게 감사를 전한다.

김운용

목 차

Ⅰ. 접어 ne와 부분 대명사 접어 ne

김운용(2001) "접어 ne와 부분 대명사 접어 ne", 『이어이문학 8집』, 한국이어이문학회.

Ⅰ. 접어 ne와 부분 대명사 접어 ne

이 연구는 이탈리아어에서 나타나는 접어(clitico) *ne*에 대한 전반적인 문법 현상을 점검하는 데 있다. 이 연구의 주제가 된 이유는 다양한 현상을 보이는 접어 *ne*가 동일한 문법적 현상을 보이는가와 흔히 직접 목적 대명사 접어와 같이 문법 현상을 설명하는 경향이 있는데 이들 사이에 관련성이 있는가이다.

접어 *ne*는 전치사구(*di* + 명사 또는 *da* + 명사) 대신에 사용되고 대명사로 행위자, 주제, 강조, 장소, 장소로부터의 이동, 부사어 등 다양한 기능을 하는 접어이다. 전통 문법에서는 다양한 속성을 가지고 있는 접어 *ne*를 직접 목적 대명사 접어(*mi, ti, lo, la, ci, vi, li, le*)와 같은 영역에서 설명하려는 경향이 있어 왔다. 3인칭인 접어 *ne*와 직접 목적 대명사의 공통점은 수의적인 일치와 강제적인 일치 현상을 보인다는 데 있고, 다른 점은 직접 목적 대명사 접어는 동사의 내재 논항이면서 보충어[1]이지만 접어 *ne*는 의미적으로는 구

---

1) 보충어는 문법에 따라서 '보어'라고 칭해지기도 한다. 그러나 전통 문법에서 일컫는 보어와 혼동을 피하기 위해서 보충어라는 용어를 사용하기로 한다.

성질을 가지고 있고 통사적으로는 단어 성질을 가지고 있으며, 동
사의 보충어이거나 부가어라는 데 있다.

이 연구에서 글쓰기는 번서 접어, 보충어 및 부가어의 개념을 보
고, 그 개념에 따라서 다양한 접어 *ne*의 현상들을 점검하기로 한다.
그리고 이러한 접어들 중에서 부분 대명사 접어를 직접 목적 대명
사와 비교해서 차이점을 알아보기로 하겠다.

1. 접어, 보충어 및 부가어 개념

이탈리아어의 접어 *ne*를 분석하기 위해서 접어의 개념과 보충어
및 부가어에 대한 개념을 보기로 하자. 먼저 접어의 개념을 보면
넓은 의미로 굴절 어미의 특성과 독립적인 단어의 특성을 동시에
가지고 있는 문법 단위를 포괄적으로 지칭하는 용어이다.

(1) Grammatical units with some properties of inflectional morphology
    andindependent words(Zwicky & Pullum 1983, Zwicky 1985).

접어는 흔히 이탈리아어 전통 문법에서 직접 목적 대명사의 약
형(*mi, ti, lo, la, ci, vi, li, le*), 간접 목적 대명사의 약형(*mi, ti, gli, le,
ci, vi, gli*), 다양한 형태의 si(비인칭, 재귀사, 수동화 등)와 장소 부
사 *ci, vi* 그리고 부분 대명사 *ne* 등으로 불리는 것이다. 대명사의
약형이라고 하는 것은 시제가 있는 문장에서 일반적으로 동사 앞

에 나타난다.2) 반면에 강형은 어순상으로 동사 뒤, 즉 명사구나 전치사구의 자리에 나타난다.

보충어와 부가어의 개념은 GB 이론 중에서 X – bar 이론에서 나온 개념으로 구구조규칙(Phrase Structure Rule)에서 어휘 범주(word – level category)와 구 범주(phrase – level category)로만 되어 있던 두 층위를 중간 범주를 직접 구성 성분으로 인정하여 세 개의 층위로 만들면서 도입된 요소이다. 이 X – bar 이론에서는 X의 자매 관계로 지정사와 부가어를, X의 자매 관계로 보충어를 각각 설정하였다. 그러면 보충어와 부가어의 개념을 보기로 하자.3)

(2) Complement: elements whose presence and form in a clause or phrase determined by the principal (head) lexical item of that phrase or clause(Asher 1994, V. 8: 4392).

(3) Adjunct: an optional element in a grammatical construction which may be added or omitted without any consequent syntactic change(Asher 1994, V. 10: 5089).

(4) Complements are associated with specific words in a way that

---

2) 시제가 없는 동사가 문장에서 사용될 때 접어의 위치는 시제가 있는 동사와 결합하는 양상이 다르다. 2인칭 명령법 동사와 결합할 때는 동사 뒤에 결합된 형태로 나타나고(*dimmi*) 3인칭 명령법 동사가 숙주어일 때는 동사 앞에 나타난다(*mi dica*). 제룬디오 문장에서는 숙주어와 결합된 형태로 동사 뒤에 나타나며(*dicendosi*), 과거 분사 구문에서도 숙주어와 결합된 형태로 동사 뒤에 나타난다(*dettosi*). 그리고 몸짓을 요구하는 부사 *ecco*가 접어와 결합하기도 한다(*eccomi, eccola*, ……). 그러나 다른 부사나 다른 품사와는 이런 현상을 보이지 않는다.

3) X – bar 이론에 대한 상세한 언급은 하지 않기로 하겠다. 이 연구에서 필요한 것은 접어 *ne* 가 보충어와 부가어 중에서 어느 것인지에 대해서만 관심을 갖기로 하겠다.

adjuncts are not. Particular words co-occur with particular complements, whereas an adjunct of a particular type is generally possible in any phrase of a particular kind whatever it is(Borsley 1999: 67).

보충어는 특정한 핵어휘가 필수적으로 요구하는 요소이므로 생략되면 비문을 만들어 내지만, 부가어는 필수적인 요소가 아니므로 생략 가능하다. 즉 보충어는 포함된 구나 절의 핵어휘와 구성 성분(constituent)을 이루기 때문에 생략될 수 없는 요소이지만 부가어는 구나 절의 어휘와 구성 성분을 이루는 요소가 아니기 때문에 생략할 수 있다.[4] 구성 성분을 테스트하는 방법으로는 독립성, 대명사성(proform) 대치, 이동, 분열문, 유사분열문, 수동화(passivazione), 초점화(topicalizzazione) 등이 있으나, 접어의 속성 자체가 숙주어인 동사에 인접해 있지 않으면 비문이 되기 때문에 여기에서는 생략 가능 여부에 따라서 보충어와 부가어를 구분하기로 하겠다.

2. 이탈리아어 접어 *ne*의 기본적 유형

이탈리아어 접어 *ne*의 유형은 부분 대명사, Di X(X = 어떤 사람 / 어떤 물건), Da X(X = 장소), 허사, 관용 어구, 중성 대명사 등으로

---

4) Somers, H. L.(1987)는 보충어와 부가어를 다음과 같은 구조로 세분하기도 하였다.
  "절대적 보충어 - 의무적 보충어 - 수의적 보충어 - 중간요소 - 부가어 - 극주변어"

구분할 수 있다. 먼저 이들의 특징을 보면 아래와 같다.

부분 대명사 ne

(5) a. **Quanti romanzi** hai letto in questo periodo?

   how many novels have(*2, sg*) read in this time[5]

   ➔ 얼마나 많은 소설을 요즘 읽니?

b. **Ne** ho letti tanti.

   of them(CL) have(*1, sg*) read(*m, pl*) many

   ➔ 그것들 중에서 많이 읽는다.'

c. *Ho letti tanti.

   have(*1, sg*) read(*m, pl*) many

(6) a. Hai scritto **delle cartoline**?

   have(*2, sg*) written(*m, sg*) some postcards

   ➔ 약간의 엽서를 썼니?

b. No, non **ne** ho scritta nessuna.

   no, not of them(CL) have(*1, sg*) written(*f, sg*) anything(*f, sg*)

   ➔ 아니요, 그것들 중에서 한 장도 쓰지 않았어요.

c. *No, non ho scritta nessuna.

   no, not have(*1, sg*) written(*f, sg*) anything(*f, sg*)

부분 대명사 접어 ne는 의미적으로 전치사구 *di loro* '그것들 중

---

5) 다음과 같은 기호를 사용하기로 한다. *1, 2, 3*은 각각 인칭을 나타낸다. *sg*는 singolare(단수), *pl*은 plurale(복수), *m*은 maschio(남성), *f*는 femmina(여성)를 의미한다. 그리고 *n*은 neutro(중성)을 의미한다.

에서'에 해당하지만 통사적으로는 명사에 해당하는 유형이다. 즉
동사의 내재 논항에 해당하는 보충어로서 *ne*가 생략되면 비문이 된
다(5c).[6] (5)와 (6)의 *leggere*와 *scrivere* 동사는 각각 내재 논항으로서
명사구를 요구한다. (5c)와 (6c)가 비문인 이유는 명사구의 핵인 *ne*
가 생략되었기 때문이다.

    Di X (X = qualcuno, qualcosa)

(7) a. Posso parlarti adesso **di lui**?

    can(*1, sg*) speak you(CL) now of him

    ➤ 지금 그 사람에 대해서 너에게 이야기해도 되니?

  b. Sì, parlamene adesso.

    yes, speak to me(CL) of him(CL) now

    ➤ 예, 지금 나에게 그에 대해서 이야기 해 줘.

  c. ?Sì, parlame adesso.

    yes, speak to me(CL) now

(8) a. Subirai le conseguenze **di tutto quello che hai fatto**?

    will − undergo(*2, sg*) the consequences of all which that have

    (*2, sg*) done

    ➤ 네가 한 짓에 대한 모든 결과를 감수할 거니?

  b. Sì, purtroppo **ne** subirò le conseguenze.

    yes, unfortunately of that(CL) will − undergo(*1, sg*) the conse-

---

6) 이탈리아어에서 ho letto와 같은 구문에서 읽다 leggere 동사가 항상 보충어로 NP를 요구
하는 것은 아니다. 타동성에 대한 자세한 논의는 Olsen, Mari Broman and Philip
Resnik(1997) 참조하길 바란다.

quences

 c. ?Sì, purtroppo subirò le conseguenze.

 yes, unfortunately will – undergo(*1, sg*) the consequences

Di + NP의 구조로 NP는 어떤 사람이나 사물을 나타내는 전치사 구를 접어 ne로 받는다. Cordin(1989)에서 언급하고 있듯이 동사가 하위 범주화로 di X를 항상 요구하는 것은 아니다. 동사에 따라서 보충어나 부가어로 구분된다. (7)의 말하다 *parlare* 동사는 자동사로 보충어를 필요치 않는 단어이다. 그러나 (7a)에서 *parlare* 동사가 "**~에게 ~에 대해서**"라는 수의적인 보충어를 가지고 있기 때문에 그 질문에 대한 답으로서 (7b)는 자연스러우나 (7c)는 이상하게 여겨진다. 그리고 (8)의 감수하다 *subirare* 동사는 내재 논항으로서 명사구가 하나 필요하다. 그러나 (8a)의 구문에서 *subirare* 동사가 "**~에 대한 ~을 / 를**"라는 부가어를 가지고 있기 때문에 (8b)는 정문으로 여겨지나 (8c)는 의미적으로 약간 이상하게 여겨지는 것이다. (7c)와 (8c)의 문장의 이상 정도를 따진다면 (7c)가 훨씬 더 이상하다. (8c)의 "그 결과"라는 것이 배경 지식에 의해서 어떤 것에 대한 결과인지가 지원되기 때문에 모국어 화자에 따라서 문장이 전혀 이상하지 않을 수도 있다.

Da X(X = luogo, qualcosa)

(9) a. È uscito **da quell'osteria?**

 be(*3, sg*) come out from the pub

b. Sì, **ne** è uscito completamente ubriaco.

yes, from that place(CL) be(*3, sg*) come out completely drunk

c. ?Sì, è uscito completamente ubriaco.

yes, be(*3, sg*) come out completely drunk

(10) a. È tornato **dagli Stati Uniti**?

be(*3, sg*) come from the United States

b. Sì, **ne** è ritornato ricco sfondato.

yes, from that place(CL) be(*3, sg*) returned rich baseless

c. ?Sì, è ritornato ricco sfondato.

yes, be(*3, sg*) returned rich baseless

장소로부터 이동을 나타내는 동사와 결합하는 전치사구 da＋NP를 접어로 받는 유형이다. (9c), (10c)처럼 접어 *ne*가 생략되어도 이상 정도는 그리 높지 않다. 움직임 동사인 *uscire*나 *tornare*는 장소나 시간을 나타내는 전치사구와 결합해서 문장에 사용되는 것이 일반적이나 (9c), (10c)처럼 접어 *ne*가 생략되어도 그리 이상하지 않는 것은 접어 *ne*가 부가어로 사용되었기 때문이다. da＋NP를 접어로 받는 유형은 위의 움직임 동사 이외에도 아래와 같은 문장도 가능하다.

(11) a. Ho visto una sola volta **quel quadro**, ma **ne** sono rimasto

molto colpito.

have(*1, sg*) seen a only time that picture, but from

that(CL) be(*1, sg*) remained much impressed

➤ 나는 그 그림을 한 번 봤지만 그것으로부터 매우 감명을 받았다.

b. *?Ho visto una sola volta **quel quadro**, ma sono rimasto

molto colpito.

have(*1, sg*) seen a only time that picture, but be(*1, sg*)

remained

much impressed

(12) a. Avendo sentito **il discorso di Mario**, **ne** sono rimasto

offeso.

having heard the discourse of Mario, from that(CL) be(*1,*

sg) remained hurt

➤ Mario의 이야기를 듣고, 그것에 의해 상처받았다.

b. *?Avendo sentito **il discorso di Mario**, sono rimasto offeso.

having heard the discourse of Mario, be(*1, sg*) remained hurt

(13) a. Qunado zio Lino riceverà **la tua lettera**, **ne** sarà commosso.

when uncle Lino will − receive the your letter, from

that(CL) will − be(*3, sg*) impressive

➤ 아저씨 Lino가 너의 편지를 받으면 그것으로 인해 감명받을 것이다.

b. *?Qunado zio Lino riceverà **la tua lettera**, sarà commosso.

when uncle Lino will − receive the your letter, will − be(*3, sg*) impressive

(11), (12), (13)은 의미 해석에 있어 상위절이 원인이 되고 하위절이 결과가 되는 문장이다. 이 하위절은 수동태(forma passiva) 또는 유사 수동태(forma quasi − passiva) 구문으로 접어 *ne*는 행위자(agente)로서 기능을 하고 있다. 일반 수동태 문장에서는 행위자를 생략해서 사용해도 문장의 받아들여지는 정도가 떨어지지 않으나 (11b), (12b), (13b)처럼 접어 *ne*가 생략되면 비문이 된다.

허사 ne

(14) a. Non mi vuoi più bene?

    not me like(*2, sg*) more → 나를 더 이상 좋아하지 않니?

  b. No, non me **ne** importa più niente di **te**.[7]

    no, not me(CL) NE(CL) imports more anything of you

    → 응, 너에 대해서 어떤 것도 관심이 없어.

(15) a. È simpatico?

    be(*3, sg*) affable → 그는 호감이 가니?

  b. **Di persone simpatiche** come lui **ne** ho conosciute poco.

    of person(*pl, f*) affable(*pl, f*) like him NE(CL) have(*1, sg*)

    known(*pl, f*) few

    → 호감이 가는 사람들 중에 그처럼 호감이 가는 사람을 알지 못한다.

---

7) 허사로 사용되는 접어 ne는 달리 의미를 표기하지 않고 NE로 표기하기로 하겠다.

(16) a. Hai letto molti libri?

have(*2, sg*) read many books

→ 너 많은 책을 읽었니?

b. Sì, **di libri ne** ho letti tanti.

yes, of books NE(CL) have(*1, sg*) read(*pl, m*) many

→ 응, 책들 중에서 많은 책들을 읽었다.

(17) a. Sai più niente di Giorgio?

know(*2, sg*) more nothing of Giorgio

→ Giorgio에 대해서 더 이상 아는 것 없니?

b. Che vuoi che **ne** sappia **di lui**?

what want(*2, sg*) that NE(CL) know of him

→ 그에 대해서 안다는 것이 무엇을 의미하는 거야?

(18) a. Che fai lì?

what do(*2, sg*) there   → 거기에서 뭐하니?

b. Niente. Me **ne** sto **qui** buono buono e aspetto.

nothing. me(CL) NE(CL) be(*1, sg*) here good good e aspect(*1, sg*)

→ 아무것도. 가만가만 기다리면서 여기에 있는 거야.

(19) a. Lasci questo Paese?

leave(*2, sg*) this country   → 이 나라를 떠나니?

b. Sì, me **ne** vado finalmente **da qui**, me ne ritorno a casa.

yes, me(CL) NE(CL) go(*1, sg*) finally from here, me(CL)

NE(CL) returnto home

접어 *ne*의 또 나른 기능 중에 하나는 허사의 기능이나. 이때 접어 *ne*는 생략될 수 있는 경우와 생략될 수 없는 경우로 나누어진다. (14b), (17b), (18b), (19b)에서 *ne*는 전형적인 허사의 기능으로 의미의 강조 효과를 가지며, 생략할 수 있다. 반면에 (15b), (16b)에서 *ne*는 재서 대명사(resumptive pronoun)로 생략 가능하지 않다. 이와 같은 재서 대명사의 기능은 접어 *ne* 이외에도 접어 *ne*와 접어 *ci*가 있다.[8]

(14b') No, non me importa più niente **di te**.

no, not me(CL) imports more anything of you

(16b') *Sì, **di libri** ho letti tanti.

yes, of books have(*1, sg*) read(*m, pl*) many

(14b')처럼 전형적인 허사의 기능으로 사용되는 구문은 정문이나, 재서 대명사로 사용되는 경우에 생략되면 비문이 된다(26b').

---

8) 명사구나 전치사구가 도치되었을 때는 접어가 재서 대명사로 쓰일 수 있다.
   a. Il giornale **lo** leggo la mattina.
      the newspaper it(CL) read(*1, sg*) the morning
      '나는 신문 그것을 아침에 읽는다.'
   b. A teatro non **ci** voglio andare.
      to theater not there(CL) want(*1, sg*) go
      '극장에 나는 그곳에 가고 싶지 않다.'
      (a)에서는 *lo*가 반복적으로 사용되고 있고, (b)에서는 *ci*가 반복적으로 사용되고 있다.

관용 어구 ne(＝in locuzioni fisse)

(20) a. Si è offeso?

himself(CL) be(*3, sg*) hurt → 그가 다쳤나요?

b. **Sì, se n'è** avuto a male. (aversene a male 다치다)

yes, got(*3, sg*) taken offence → 응, 그는 다쳤어.

(21) a. Sei stanco di fare questo lavoro?

be(*2, sg*) tired to do this work

→ 너는 이 일 하는 데 지쳤니?

b. **Sì, non ne posso più**. (non poterne più 참을 수 없다.)

yes, not be(*1, sg*) at the end of my rope

→ 응, 더 이상 참을 수가 없어.

(22) a. La tua amica è arrabbiata con te?

the your girl − friend be(*3, sg*) angry with you

→ 너의 여자 친구가 네게 화났니?

b. **Sì, me ne vuole**. (volermene 원한을 품다)

yes, me(CL) NE(CL) want(*3, sg*)

→ 응, 내게 원한을 품고 있어.

(23) a. Valeva la pena di fare tutto questo viaggio?

deserved to do all this trip

→ 이 모든 여행을 할 가치가 있었나요?

b. No, non **ne valeva la pena**. (valerne la pena 가치가 있다)

no, not deserved → 아니요. 가치가 없었습니다.

(24) a. Sei in pericolo?

    be(*2, sg*) in danger   → 너 위험에 빠져 있니?

   b. Sì, **ne va** della mia vita.

    yes, in danger of the my life

    → 내 인생에서 위험에 빠져 있다.

관용 어구 *ne*는 접어가 어휘화 되어 의미를 갖는 유형이다. 단순 시제(21b – 24b)나 복합 시제(20b)에 사용될 수 있으며, 복합 시제 구문에서는 조동사 *essere*나 *avere*를 선택할 수 있다.[9]

우리는 부분 대명사 *ne*, Di X를 받는 *ne*, Da X를 받는 *ne*, 허사 *ne*, 관용 어구 *ne*를 개략적으로 보았다. 그러나 관용 어구 *ne*와 다른 유형의 접어 *ne*는 약간의 차이가 있다. 아래의 예를 보자.

(25) a. **Ne la** tolgono.

    of them(CL) it(CL) cut(3, pl)

    → 그들은 그들 중에서 그것을 떼어낸다.

   b. *Sì, **me ne la vuole**.

    yes, me(CL) NE(CL) it(CL) want(*3, sg*)

김운용(1999a)의 주장에 따르면 접어 *ne*는 단어 성질의 접어이다. 그러나 관용 어구 접어 *ne*는 단어 성질의 접어라고 보기에는 곤란하다. 제외한 다른 유형의 접어 *ne*는 단어 성질의 접어이다. 단어

---

9) 김운용(1999a) 4장 1절 참조. (20b)에서 조동사 avere를 복합 시제의 조동사로 취해야 되나 재귀사 접어(mi, ti, si, ci, vi, si)가 전접어로 나타날 때 항상 조동사 essere를 취해야 한다.

성질의 접어 *ne*와 숙주어 사이에는 다른 종류의 접어가 삽입될 수 있지만(25a), 관용 어구 접어 *ne*는 어미 성질의 접어의 특징을 갖기 때문에 다른 접어가 사이에 끼어들면 비문이 된다(25b).

3. 직접 목적 대명사 접어와 부분 대명사 *ne* 접어

단어의 성질을 나타내는 접어 *ne*의 전형적인 특징을 보이는 부분 대명사 *ne*의 형태–통사적인 특징을 보기로 하자. 부분 대명사 접어는 어떤 것 중에서 일부를 나타내는 것으로 대용적(anaforico) 접어 중에 하나이다. 그리고 직접 목적 대명사 접어(*lo, la, li, le*)처럼 인칭이 3인칭이다. 먼저 직접 목적 대명사와 과거 분사의 일치 현상을 보기로 하자.

(26)

	접어	조동사 avere	과거 분사
남성 접어	Mi	ha	salutato / salutato
여성 접어	Mi	ha	salutato / salutata
남성 접어	Ti	ha	salutato / salutato
여성 접어	Ti	ha	salutato / salutata
남성 접어	L' (=lo)	ha	salutato
여성 접어	L' (=la)	ha	salutata
남성 접어	Ci	ha	salutato / salutati
여성 접어	Ci	ha	salutato / salutate
남성 접어	Vi	ha	salutato / salutati
여성 접어	Vi	ha	salutato / salutate
남성 접어	Li	ha	salutati
여성 접어	Le	ha	salutate

(26)에서 남성 접어, 여성 접어와 같은 용어는 편의상 사용한 것이다. 실제로는 남성 접어는 지시체가 남성인 접어를 가리키고, 여성 접어는 지시체가 여성인 접어를 가리킨다. (26)에서 3인칭 단수와 복수는 접어와 과거 분사가 강제적인 일치 현상을 보이는데 1·2인칭 단수와 복수는 각각 굴절 어미 형태를 두 개씩 가지고 있다. 그러나 이 도표에서 알 수 있듯이 접어가 남성을 지시하는 1인칭 단수 직접 목적 대명사와 2인칭 단수 직접 목적 대명사의 과거 분사의 형태가 일치 형태와 성수 구분이 없는 중성 형태(salutato)가 둘 다 존재한다고 보기는 곤란하다(salutato/salutato). 둘 다 존재한다면 어떤 때가 남성인지 어떤 때가 중성인지 구분에 어려움이 있기 때문이다. (26)을 (27)처럼 고칠 수 있다.

(27)

	접어	조동사 avere	과거 분사
남성 접어	Mi	ha	salutato
여성 접어	Mi	ha	salutato / salutata
남성 접어	Ti	ha	salutato
여성 접어	Ti	ha	salutato / salutata
남성 접어	L' (=lo)	ha	salutato
여성 접어	L' (=la)	ha	salutata
남성 접어	Ci	ha	salutato / salutati
여성 접어	Ci	ha	salutato / salutate
남성 접어	Vi	ha	salutato / salutati
여성 접어	Vi	ha	salutato / salutate
남성 접어	Li	ha	salutati
여성 접어	Le	ha	salutate

(27)의 표는 (26)의 표에서 나타나는 잉여성(redundancy)이 줄어든

형태이다. (27)의 표에서 1·2인칭 단수와 복수의 접어는 과거 분사와 수의적인 일치 현상을 보이고 있고 3인칭의 접어는 과거 분사와 강제적으로 일치되는 형태를 관찰할 수 있다. 이와 같은 표를 보고 부분 대명사 접어 ne와 과거 분사의 일치 관계도 강제적인 일치를 보일 거라 추측할 수 있다. 그러나 그러한 추측과는 다르게 나타나고 있다.

첫 번째는 직접 목적 대명사 접어는 추상격인 대격을 부여할 수 있는 타동사와 결합하지만 부분 대명사 접어 *ne*는 자동사와도 결합 가능하다.

(28) a. [Molti di loro] sono venuti.

　　　 many of them be(*3, pl*) come(*pl, m*)

　　　 ➤ 그들 중에서 많은 사람이 왔다.

　　b. **Ne** sono venuti molti.

　　　 of them(CL)(*3, pl, m*) be(*3, pl*) come(*pl, m*) many

(28)에서 동사 *venire*는 움직임 동사로 논항을 하나만을 취하는 자동사이다.

두 번째는 직접 목적 대명사 접어 구문에서는 구성 성분 내에서 일부만이 빠져나오는 구조가 허락되지 않지만 부분 대명사 접어 *ne* 구문에서는 허락된다.

(29) Cenerentola perse[una delle sue scarpe].

　　 Cinderella lost one of the her shoes

(30) Cenerentola **ne** perse una.

Cinderella of them(CL)(*3, pl, f*) lost one

(31) a. *Cenerentola le perse una.

Cinderella it(CL) lost one

b. Cenerentola la perse.

Cinderella it(CL) lost

세 번째는 과거 분사와 일치가 직접 목적 대명사 접어 *lo, la, li, le*는 필수적이지만 부분 대명사 접어 *ne*는 일치가 수의적이다.

(32) a. Sigarette, **ne** ho fumata / fumate poche.

cigarettes, of them(CL) have(*1, sg*) smoked(*sg, f*) / (*pl, f*) few(*pl, f*)

b. Il libro, **ne** ho letto / lette già cento pagine.

the books, of them(CL) have(*1, sg*) read(*sg, m*) / (*pl, f*) already 100 pages

c. La frutta, mio marito **ne** ha comprata / comprati due chili.

the fruit, my husband of them(CL) have(*3, sg*) bought(*sg, f*) / (*pl, m*) 2 kilos

(32a), (32b), (32c)의 과거 분사에서 단수(fumata, letto, comprata)는 선행사(sigarette, il libro, la frutta)의 성에 따른 일치이고, 복수는(fumate, lette, comprati) 보충어, 즉 목적어의 성과 수가 일치되는 경우이다. 이 세 번째 차이점은 약간 논란이 일어날 수 있다. 하나는 일치 자질(인칭, 성, 수) 중에서 일부분만이 일치 현상에 관여할 수 있느냐와 이와 비슷한 현상이 이탈리아어에 있느냐이다. 그리고 다른 하나는 과거 분사와 목적어의 일치례가 이탈리아어에서 나타나느냐이다.

(33) Noisiamocoreani.

    we(*1, pl, m*) be(*1, pl*) korean(*pl, m*)

(33)에서 주어 *noi*는 동사 *siamo*와 인칭과 수가 일치하고, *noi*와 *coreani*는 수와 성이 일치하고 있다.

(34) a. **Si** è partiti.

    one(CL)(*3, m*) is(*3, sg*) left(*pl, m*)   → 사람들은 떠난다.

   b. **Si** è capiti.

    one(CL)(*3, m*) is understood(*pl, m*)   → 사람들은 이해된다.

(34)에서 비인칭 접어 주어 *si*는 동사와는 통사적인 일치를 과거 분사와는 의미적인 일치를 보이고 있다. 즉 주어와 동사는 3인칭

단수로 인칭과 수가 일치하고, 주어와 과거 분사는 의미적인 일치로 주어 *si*가 형태 - 통사적으로는 3인칭 단수이지만 의미적으로는 '사람들'이라는 3인칭 복수로 과거 분사와 수와 성이 일치되고 있다. 주어 *si*에 성이 있느냐고 질문할 수 있지만 이탈리아어에서 모든 명사는 남성이나 여성이나 둘 중에 하나를 문법성이나 자연성으로 가지고 있다. 흔히 대표성은 남성이다.

다음은 과거 분사인 동사와 목적어인 명사구가 일치되는 예를 보기로 하자. (35)는 접어화가 되기 전 구문이고 (36)은 재귀사가 접화된 구문이다.

(35) a. Egli ha bevuto[una bottiglia di birra].

   he have(*3, sg*) drunken(*sg, f*) a bottle of beer(*sg, f*)

   ➜ 그는 한 병의 맥주를 마셨다.

   b. Io oggi ho comprato[tanti dei libri].

   I today have(*1, sg*) bought(*pl, m*) many of the books(*pl, m*)

   '나는 오늘 책들 중에서 많은 책을 샀다.'

   c. Il bambino ha mangiato[tutte le mele].

   the child himself have(*3, sg*) eaten(*pl, f*) all the apples(*pl, f*)

   ➜ 그 아이는 모든 사과를 먹었다.

(36) a. Egli si è bevuta[una bottiglia di birra].

   he himself(CL) be(*3, sg*) drunken(*sg, f*) a bottle of beer(*sg, f*)

   '그는 그 자신이 한 병의 맥주를 마셨다.'

   b. Io oggi mi sono comprati[tanti dei libri].

I today myself(CL) be(*1, sg*) bought(*pl, m*) many of the
books(*pl, m*)

→ 나는 오늘 나 자신이 책들 중에서 많은 책을 샀다.

c. Il bambino si è mangiate[tutte le mele].

the child himself(CL) be(*3, sg*) eaten(*pl, f*) all the apples(*pl, f*)

→ 그 아이는 자신이 모든 사과를 먹었다.

일부 이탈리아어 화자들 중에서 일부가 (36)처럼 과거 분사와 직접 목적어를 일치시켜서 사용하기도 한다. (32)와 (36)의 과거 분사와 직접 목적어 일치례는 일반적인 현상은 아니지만 접어화가 되었을 때 일어나는 현상 중에 하나로 인정할 수밖에 없다.

지금까지 우리가 이 연구에서 밝힌 것은 부분 대명사 접어 *ne*는 직접 목적 대명사 접어와는 세 가지 면에서 다르다는 것이다. 부분 대명사 접어 *ne*는 일치 관계에서 세 가지 유형을 (32)의 예를 통해서 추론해 낼 수 있다.

(37) a. ne(*sg, m*)······과거 분사(*sg, m*)

     b. ne(*sg, f*)······과거 분사(*sg, f*)

(38) a. ne(*sg, m*)······과거 분사(*sg, m*)······형용사(*sg, m*)

     b. ne(*sg, f*)······과거 분사(*sg, f*)······형용사(*sg, f*)

     c. ne(*pl, m*)······과거 분사(*pl, m*)······형용사(*pl, m*)

     d. ne(*pl, m*)······과거 분사(*pl, f*)······형용사(*pl, f*)

(39) a. ne······과거 분사(*sg, m*)······명사구(*sg, m*)

     b. ne······과거 분사(*sg, f*)······명사구(*sg, f*)

c. ne······과거 분사(*pl, m*)······명사구(*pl, m*)

d. ne······과거 분사(*pl, f*)······명사구(*pl, f*)

우리는 외형적으로는 접어 *ne*가 하나의 유형(type)이지만 네 가지의 구현형(token)을 가지고 있다고 가정한다. 이와 같은 가정 아래 세 가지의 일치 현상을 기술할 수 있다. (37)은 부분 대명사 접어 *ne*가 과거 분사와 일치하는 경우이고, (38)은 부분 대명사 접어 *ne*가 과거 분사 그리고 형용사와 일치되는 경우이고, (39)는 *ne* 접어화 구문에서 접어는 일치에 직접 관여하지는 않고 과거 분사와 명사구가 일치를 일으키는 경우이다. 위의 (37), (38), (39)를 이분법을 사용해서 일반화하면 아래와 같다.

(40) a. ne(*sg, m*±)······과거 분사(*sg, m*±)

b. ne(*sg*±, *m*±)······과거 분사(*sg*±, *m*±)······형용사(*sg*±, *m*±)

c. ne······과거 분사(*sg*±, *m*±)······명사구(*sg*±, *m*±)

예를 들면 (40b)와 같은 구조는 (41)과 같은 구문을 설명해 낼 수 있다.

(41) a. Ne ho fatto uno.

of them(CL)(*sg, m*) have(*1, sg*) done(*sg, m*) one(*sg, m*)

➤ 나는 그것들 중에서 하나를 마쳤다.

b. Ne ho fatti molti.

of them(CL)(*pl, m*) have(*1, sg*) done(*pl, m*) many(*pl, m*)

➡ 나는 그것들 중에서 많이 마쳤다.

c. Ne ho invitata una.

of them(CL)(*sg, f*) have(*1, sg*) invited(*sg, f*) one(*sg, f*)

➡ 나는 그들 중에서 한 사람을 초청했다.

d. Ne ho invitate molte.

of them(CL)(*pl, f*) have(*1, sg*) invited(*pl, f*) many(*pl, f*)

➡ 나는 그들 중에서 여러 사람을 초청했다.

그러나 (40)의 부분 대명사 접어 *ne*와 과거 분사의 일치 일반화는 약간의 문제가 있다. 일단 (40a)와 (40c)가 수의적으로 나타나는 현상이기 때문에 하나의 규칙 안에 있어야 된다는 것과 (40b)는 접어 *ne*가 성 / 수 자질을 가지고 일치 현상에 참여하는데 (40c)의 접어 *ne*는 일치 현상에 참여하지 않는다는 것이다.

(42) a. ne(*sg, m±*)······과거 분사(*sg, m±*) V$_e$ ne······과거 분사(*sg±, m±*)······명사구(*sg±, m±*)

  b. ne(*sg±, m±*)······과거 분사(*sg±, m±*)······형용사(*sg±, m±*)

(42a)에서 V$_e$는 배타적인 이접(exclusive disjunction)을 나타낸다. 즉 둘 중에 하나가 참인 값을 가질 때 참인 문장이 된다는 것이다. 그리고 (40b)와 (40c)가 다른 점은 명사구는 자체가 하나의 의미역을 받아야 되는 논항이지만, 형용사 자체는 논항과 관련이 없다는 것이다. (28a)와 (29)에서 알 수 있듯이 (28b)에서 *molti*나 (30)의 *una*

는 명사구의 일부이다. 이때 핵은 *ne*이다. 그래서 일반적으로 명사구 내에서 명사와 형용사가 성 / 수 일치되듯이 핵인 *ne*와 형용사가 일지되는 현상이다.

4. 나오는 말

이 연구에서는 다양한 접어 *ne*를 개략적으로 훑어보고 부분 대명사 접어 *ne*를 직접 목적 대명사와 비교해서 차이점을 분석했고, 그리고 부분 대명사 접어 *ne*와 과거 분사의 일치 현상을 일반화하였다.

다양한 접어 *ne*를 요약하면 부분 대명사 *ne*는 '그것들 중에서' 의미를 가지며 보충어로서 문장에서 생략되면 비문이 된다. Di X *ne*는 부가어와 보충어로 사용될 수 있다. 부가어로 사용될 때는 생략 가능하지만 보충어로서 사용될 때는 생략 가능하지 않다. Da X *ne* 역시 보충어와 부가어로 사용될 수 있다. 허사 *ne*는 전형적인 허사로서 사용되는 경우에는 생략이 가능하지만 재서 대명사의 기능을 하는 경우에 생략 불가능하다. 다시 말해서 전형적인 허사는 부가어이지만 재서 대명사는 보충어로서 동사가 요구한다. 관용 어구 *ne*는 어미 성질의 접어로서 특징을 갖는다. 이들의 특징은 접어와 숙주어 사이에 다른 접어가 삽입되지 못한다는 것이다.

직접 목적 대명사와 부분 대명사 접어 *ne*와의 가장 큰 차이점은 첫 번째는 직접 목적 대명사 접어는 추상격인 대격을 부여할 수 있는 타동사와 결합하지만 부분 대명사 접어 *ne*는 자동사와도 결합

가능하다이고, 두 번째는 직접 목적 대명사 접어 구문에서는 구성
성분 내에서 일부만이 빠져나오는 구조가 허락되지 않지만 부분
대명사 접어 *ne* 구문에서는 허락된다이고, 세 번째는 과거 분사와
일치가 직접 목적 대명사 접어 *lo, la, li, le*는 필수적이지만 부분 대
명사 접어 *ne*는 일치가 수의적이라는 것이다.

그리고 부분 대명사 접어 *ne*와 과거 분사와의 일치 관계를 (42)
처럼 일반화시킴으로써 복잡해 보이는 일치 현상을 단순화할 수
있다.

Ⅱ. 이탈리아 접어와 일치

김운용(2003) "이탈리아 접어와 일치", 『이어이문학』 v.10, pp.55 – 100.

Ⅱ. 이탈리아 접어와 일치*

이 연구는 이탈리아어에서 나타나는 접어(clitics)의 일치[1] 현상을 설명하는 데 있다. 이탈리아어의 접어와 일치에 대한 체계적인 선행 연구는 거의 없다.[2] 일반적으로 일치는 한정 동사(finite verb)와 주어의 일치, 명사구 내에서의 한정사(determiner)와 명사 일치, 재귀사와 선행사의 일치로 나타나고 있다. 이 연구에서는 접어가 가지고 있는 중요한 속성 중의 하나가 일치 현상과 밀접한 관계가 있는 것으로 보고 접어의 일치 현상에 대해서 초점을 맞추고 보기로 하겠다.

---

* "이 논문은 2001년 한국학술진흥재단의 지원에 의하여 연구되었음(KRF - 2001 - 037 - AB0002)."

1) Cartens(2000)는 concord라는 용어가 전통적으로 전형적인 지정사 - 핵 유형과 DP 내에서 일치를 구분하는 데 사용하고 있다고 언급하고 있으며, Pollard & Sag(1994)도 concord를 격의 일치로 한정해서 언급하고 있다. 이 연구에서는 이탈리아어에 격표지자가 외현적으로 구현되지 않기 때문에 agreement와 concord에 대한 자세한 구분은 하지 않고 사용하기로 하겠다.

2) 김운용(1999)과 Monachesi(1995) 참조.

1. 접어와 일치 개념

접어는 넓은 의미로 굴절 어미의 특성과 독립적인 단어의 특성을 동시에 가지고 있는 문법 단위를 포괄적으로 지칭하는 용어이다.

(1) Grammatical units with some properties of inflectional morphology andindependent words(Zwicky & Pullum 1983, Zwicky 1985).

접어는 흔히 이탈리아어 전통 문법에서 직접 목적 대명사의 약형(mi, ti, lo, la, ci, vi, li, le), 간접 목적 대명사의 약형(mi, ti, gli, le, ci, vi, gli), 다양한 형태의 si(비인칭, 재귀사, 수동화 등)와 장소 부사 ci / vi 그리고 부분 대명사 ne 등으로 불리는 것이다. 전통 문법에서 흔히 직접 목적 대명사의 약형과 간접 목적 대명사의 약형은 시제가 있는 문장에서 일반적으로 동사 앞에 나타나며, 강형은 어순 동사 뒷자리에 나타난다고 기술하고 있다. 그러나 언어 사용에서 A me piace Maria와 같은 문장은 강형을 포함하고 있지만 A me가 강조되면서 동사 앞에 나타나는 경우도 쉽게 접할 수 있다. 약형이 동사 앞에 나타나고 강형이 동사 뒤에 나타난다는 것만으로는 충분한 설명력을 갖지 못한 것 또한 사실이다. 김운용(1999) 과 Monachesi(1995)에 의하면 현재 이탈리아어의 접어의 목록을 다음과 같이 제시하고 있다.

(2) 접어의 종류

    a. 비인칭 주어 si

    b. 직접 목적 접어 mi, ti, lo, la, ci, vi, li, le

    c. 간접 목적 접어 mi, ti, gli, le, ci, vi, gli

    d. 부분 대명사 ne

    e. 장소 부사 ci / vi

    f. 재귀사 mi, ti, si, ci, vi, si

    g. 내재 재귀사 mi, ti, si, ci, vi, si

    h. 중간태 si

    i. 능격 si

    j. loro

위에서 예시한 접어들 중에서 일치와 관계있는 비인칭 주어 si, 직접 목적 접어 mi, ti, lo, la, ci, vi, li, le, 부분 대명사 접어 ne, 재귀사 및 내재 재귀사 접어 mi, ti, si, ci, vi, si, 중간태 si 그리고 능격 si에 초점을 맞춰서 연구하기로 한다. 그 이유는 김운용(1999: 71)에서 구분한 것처럼 접어가 동등한 지위를 갖는 것이 아니라 어미 성질의 접어, 단어 성질의 접어, 구 성질의 접어로 세분할 수 있기 때문이다.[3] 어미 성질의 접어는 독립적인 의미를 갖지 못하고 숙주어인 동사와 결합해서 하나의 요소를 이룬다. 그러나 단어 성

---

3) 접어의 유형 김운용(1999: 71).
   a. 어미 성질의 접어: 내재 재귀사 접어, 능격 접어, 중간태 접어
   b. 단어 성질의 접어: 직접 목적 접어, 간접 목적 접어, 재귀사 접어, 비인칭 주어 접어, 부분 대명사 접어, 장소 부사 접어
   c. 구 성질의 접어: loro

질의 접어는 숙주어에 기대어 사용되나 그에 상응하는 단어와 바꿔쓰기가 가능하며, 일반적인 단어처럼 의미를 갖는 경우이다. 그리고 구 성질의 접어는 접어화되기 이진에 구에 상응하며, 접어화되고 나서도 동일한 속성을 유지한다.[4] 구 성질의 접어 loro와 간접 목적 접어, 장소 부사 접어는 일치의 속성을 보이지 않기 때문에 이 연구에서 제외하기로 한다. 또한 이 연구에서는 접어와 일치 관계를 설명하기 위해서 시제가 있는 문장에 한정하고자 한다.[5]

일치에 대한 개념 정의 및 일반적인 일치 규칙 그리고 이론적 배경을 보기로 하자. 흔히 일치는 두 개의 문법적 요소에 동일한 범주가 명시될 때 이 두 문법적 요소는 일치한다고 한다. 일치에 대한 정의는 아래와 같다.

(3) a. The term agreement commonly refers to some systematic covariance between a semantic or formal property of one element and a formal property of another. Asher(1994: 55).

b. Agreement holds between a relational category a, the target, and a nominal category b, the source, when category a exhibits (pro)nominal features that are dependent on the form or interpretation of the nominal b. Barlow(1992: 5).

---

4) 부분 접어 ne는 접어화되기 전에는 구에 상응하나, 접어화된 후에는 단어처럼 사용된다.

5) 시제가 없는 동사가 문장에서 사용될 때 접어의 위치는 시제가 있는 동사와 결합하는 양상이 다르다. 2인칭 명령법 동사와 결합할 때는 동사 뒤에 결합된 형태로 나타나고(dimmi) 3인칭 명령법 동사가 숙주어(host)일 때는 동사 앞에 나타난다(mi dica). 제룬디오 문장에서는 숙주어와 결합된 형태로 동사 뒤에 나타나며(dicendosi), 과거 분사 구문에서도 숙주어와 결합된 형태로 동사 뒤에 나타난다(dettosi). 그리고 몸짓을 요구하는 부사 ecco가 접어와 결합하기도 한다(eccomi, eccola, ……). 그러나 다른 부사나 다른 품사와는 이런 현상을 보이지 않는다.

Asher(1994)는 일치는 의미적, 형태적 자질이 다른 요소의 자질과 규칙적인 공변동을 보인다고 보았으며, Barlow(1992)는 명사류와 한정사, 형용사 그리고 동사 사이에서 보이는 일반적인 의존적인 일치를 제한하고 있다.[6] 이 연구에서는 서로 다른 두 요소가 의미적 혹인 형태 – 통사적인 자질이 규칙적으로 동일한 값을 가질 때 일치한다고 가정한다.

2. 연구목적

이 연구의 목적은 이탈리아어 접어(clitics)와 일치 현상을 핵어중심 구구조문법(Head – driven Phrase Structure Grammar)의 틀로 설명하는 데에 있다. 접어가 이 연구의 주제가 된 이유는 다음과 같다. 접어를 단어로 분석해야 하느냐 아니면 굴절 어미(inflectional affix)로 분석해야 하느냐 하는 것은 형태론이나 통사론에서 중요한 관심사 중의 하나이다. 형태론에서는 단어성(wordhood)을 이해하고 굴절 체계를 세우기 위해서 접어의 본질에 대해서 관심을 갖게 되었다. 통사론에서는 접어를 단어의 '퇴화된' 형태로 간주하여 원칙적으로는 단어로 취급하려는 시도가 있어 왔다. 접어는 독립 단어

---

6) 일치에 관한 주장은 자질에 근거를 두고, 기본적인 일치와 선행어 – 대용어 일치로 구분되고 있다. 전형적인 일치 관계를 보이는 부분에 대해서는 이의가 없으나, 선행어 – 대용어의 일치에 대해서는 의견을 달리한다. 선행어 – 대용어의 관계를 일치로 보지 않는 부류(Moravcsik 1978, Lehman 1982), 일치로 보는 부류(Barlow 1992, Siewierska 1999)로 구분된다. 이 연구에서는 문장 내부의 요소에 관해서만 관심을 갖는다. 그래서 선행어 – 대용어의 일치에 관해서 다루지 않기로 하겠다.

와 어미의 양면성을 가지고 있으므로 형태-통사부의 상호 작용
(interface)이 어떻게 되는지를 바탕으로 설명되어야 한다. 접어가 순
전히 통사적인 현상만을 보인다든지 순전히 형태론적인 현상만을
보이지는 않기 때문이다.

이 연구의 주된 관심은 세 가지이다. 첫째는 이탈리아어에 나타
나고 있는 다양한 종류의 접어들이 동일한 일치 현상을 보이는지
알아보는 것이다. 둘째는 이탈리아어의 접어와 과거 분사 사이의
일치 관계를 어떻게 설명할 수 있는지 알아보는 것이다. 셋째는 접
어가 가지고 있는 중요한 속성 중의 하나가 일치 현상이라는 것이
다. 그리고 이탈리아어의 접어와 일치에 대한 체계적인 선행 연구
는 거의 없다는 것이다.

이탈리아어 접어에 대한 지금까지의 분석은 접어들이 보이는 문
법적 현상을 '이동'(movement)으로 보려는 다층위 문법적(multistratal
grammar) 부류와 '기저 생성된'(base-generated) 것으로 보고 설명
하려는 단층위 문법적(monostratal grammar) 부류로 나누어진다.
Belletti(1998, 2000)는 다층위 문법적 접근 방식으로 이탈리아어를
포함해서 로망스어계 언어에서 나타나는 접어와 과거 분사의 일치
관계를 최소주의 이론 내에서 설명을 시도한다. 그리고 Monachesi(1993,
1994, 1995)는 단층위 문법적 접근 방식으로 다양한 이탈리아어 접
어들을 동일한 종류의 굴절 접사로 보고 단층위 문법인 핵어중심
구구조문법(Head Phrase Structure Grammar: HPSG)의 틀로 설명을
시도한다. 그러나 이 두 선행 연구의 단점은 여러 종류의 접어들이

보이는 다양한 현상을 하나의 틀로 설명하려는 데 있다. 이 연구에서는 접어가 음운론적 기준, 형태적 기준 그리고 통사적 기준에 따라서 분석했을 때 유형별로 차이점을 보이기 때문에 동일하게 분석해서는 안 된다고 본다.

3. 이탈리아어의 일치 현상

이탈리아어에 나타나는 일치 현상을 설명하기 위해서 먼저 일치 자질을 살펴보기로 하겠다. 일치 자질은 보통 성(gender), 수(number), 인칭(person) 그리고 격(case)으로 언급되고 있다. 이러한 일치 자질 중에서 이탈리아어에서 나타나는 일치 자질은 성, 수, 인칭이다. 격 자질이 이탈리아어의 일치 자질에서 빠진 이유는 격이 표시되는 언어가 아니기 때문이다. 다시 말해서 격 자질이 어휘적으로 또는 외현적으로 나타나지 않기 때문이다. 일반적으로 일치 과정은 형태 −통사적으로 요구되며, 자의적으로 할당된 일반 명사의 형태−통사적인 성과 수의 자질과 일치된다. 예를 들면, 명사구 내에서 한정사, 소유사(possessive), 몇몇 종류의 양화사(quantifier) 그리고 속성 형용사(attributive adjective)는 명사와 성과 수에서 일치를 보이고 있다. 명사구 내에서 성과 수의 일치례는 아래와 같다.

(4) Questo nuovo libro.

   this(*sg, m*) new(*sg, m*) libro(*sg, m*)[7]   → 이 새 책.

위에서 언급된 예는 이탈리아어가 통사적인 성질을 가진 언어이며, 일반 명사에 대해서는 특정한 성이 할당된다는 것을 보여주고 있다. libro는 형태 – 통사적으로 남성이라는 표지(– o)를 갖고 있다.

문장 단위에서 주어와 일치하는 요소로는 본동사, 보조 동사, 서술적 형용사 등이 있고, 목적어와 일치하는 요소로는 서술 형용사와 형용사적 첨가어(adjective adjunct) 등이 있다.

3.1 성

성 일치는 폭넓게 일어나는 현상이다. 형용사는 성이 핵어 명사와 일치된다. 성은 크게 자연성(natural gender)과 문법성(grammatical gender)으로 나눌 수 있다. 아래의 예에서 인칭 대명사(Francesca, Mario, Lucia)와 일반 명사(marito)는 자연성을 갖는 예이다. 위의 예문에서 libro와 같은 일반 명사는 문법성을 갖는 경우이다.

(5) a. Francesca è stanca.

   Francesca(*3, sg, f*) is(*3, sg*) tired(*sg, f*)

   ➤ 프란체스까는 피곤하다.

 b. Mario è bravo.

   Mario(*3, sg, m*) is(*3, sg*) good(*sg, m*)

   ➤ 마리오는 훌륭하다.

---

7) 다음과 같은 기호를 사용하기로 한다. 1, 2, 3은 각각 인칭을 나타낸다. sg는 singular(단수), pl은 plural(복수), m은 male(남성), f는 female(여성)을 의미한다. 그리고 n은 neutral(중성)을 의미한다.

c. Lucia e suo marito sono brasiliani.[8]

Lucia(*3*, *sg*, *f*) and her(*3*, *sg*, *m*) husband(*sg*, *m*) are(*3*, *pl*)
brazilians(*pl*, *m*)

  → 루치아와 그녀의 남편은 브라질 사람들이다.

형용사는 명사와 일치하여 형태가 선택된다. (5a)에서 stanca는 형용사가 여성 인칭 명사 Francesca에 의해서, (5b)의 bravo는 남성 인칭 명사 Mario에 의해서, (5c)의 brasiliani는 명사구 Lucia e suo marito에 의해서 각각 선택된 것이다. 이탈리아어에서는 성이 남성과 여성 둘로 나타난다.

3.2 수

수 일치는 한정사－명사 일치 현상이나 형용사－명사 일치 현상으로 흔히 나타나고 있다. 또한 (6)의 예에서처럼 주어－술어 일치에서도 나타나고 있다. 명사구 내의 일치를 보기로 하자.

(6) a. I libri.

    the(*pl*, *m*) books(*pl*, *m*)   → 책들.

b. La macchina nuova.

    the(*sg*, *f*) car(*sg*, *f*) new(*sg*, *f*)   → 새 차.

---

8) 남성 명사와 여성 명사가 명사구를 이룰 때 대표성은 남성이다. 예를 들어 Lucia e suo marito sono braslilane.는 비적격문이다. 이유는 형용사인 brasiliano가 대표성인 남성 복수형(brasiliani)이 아닌 여성 복수형(brasiliane)으로 나타났기 때문이다.

c. Le macchine nuove.

the(*pl, f*) cars(*pl, f*) new(*pl, f*)   ➤ 새 차들.

위에서 정관사 I는 명사 libri가 남성 복수이기 때문에 남성 복수 형태로, 형용사 nuova는 명사 macchina가 여성 단수이기 때문에 여성 단수 형태로, 그리고 nuove는 macchine가 여성 복수이기 때문에 여성 복수 형태로 일치를 보이는 경우이다.

3.3 인칭

이탈리아어에서 인칭은 1, 2, 3인칭 단/복수 체계를 갖추고 있다. 아래의 (7a)는 tu가 단수 2인칭이므로 동사가 canti(단수 2인칭)로 일치된 경우이며, (7b)는 noi가 복수 2인칭이므로 동사가 andiamo(복수 1인칭)로 일치된 예이다.

(7) a. Tu canti benissimo.

　　 you(*2, sg*) sing(*2, sg*) very well

　　 ➤ 너는 노래를 아주 잘한다.

　 b. Noi andiamo via domani.

　　 we(*1, pl*) go(*1, pl*) away tomorrow

　　 ➤ 우리는 내일 사라질 것이다.

(8) a. Tu ed io non andiamo d'accordo.

　　 You and I not agree(*1, pl*) with

b. Noi e loro litighiamo spesso.

We and they fight(*1, pl*) often

c. Voi e i Rossi non potete venire.

You and the Rossi's not can(*2,pl*) come

(7a)에서 2인칭 단수 명사 Tu가 동사 cantare의 현재 2인칭 단수 형태 canti와 일치되고 있고, (7b)에서 1인칭 복수 명사 Noi가 동사 andare의 1인칭 복수 형태 andiamo와 일치되고 있다. 그리고 (8a)는 Tu와 io가 있을 때 동사의 굴절이 SN(명사구)인 'Noi'와 일치되어 복수 1인칭이 되는 예이고, (8b)는 Noi와 loro가 있을 때 Noi와 litigare의 litighiamo가 1인칭 복수 형태로 일치되고 있고, 그리고 (8c)는 Voi와 i Rossi가 있을 때 Voi와 동사 potere의 potete가 2인칭 복수 형태로 일치되고 있다. (7)과 (8)의 예들을 통해서 알 수 있는 것은 의미적인 일치를 보인다는 사실이다.

4. 접어의 일치 현상

4.1 단어 성질의 접어

비인칭 주어 si

비인칭 주어 si라는 용어에서 '비인칭 주어' 사용은 특정한 주어 또는 지시체를 가리키는 것이 아니라 일반적인 사람들을 두루 가리키며 주어로만 사용되기 때문이다. 이 접어는 일반적인 비인칭 명사나 대명사처럼 3인칭 동사가 사용되며, 3인칭 단수를 숙주어로 취한다.

(9) a. Si va.

one(CL) go(*3, sg*) → 사람들은 간다.

b. Si pensa già di farne una nuova edizione.

one(CL) think(*3, sg*) already of make of them(CL) a new edition

→ 사람들은 이미 그것들 중에서 한 판을 만들 생각을 하고 있다.

(10) Si ama la vita.

one(CL) love(*3, sg*) the life

→ 사람들은 자신의 삶을 사랑한다.

(9)에서 동사 andare의 현재 3인칭 단수 va와 pensare의 현재 3인

칭 단수 pensa는 자동사이다.[9] (10)에서 동사 amare의 3인칭 현재 단수 ama는 타동사이다. 비인칭 접어 구문에서 형용사 또는 과거 분사가 술어의 일부일 때는 항상 남성 복수형이다. 이것은 이탈리 아어의 접어들 중에서 비인칭 접어 구문에서만 나타나는 현상이다. 위의 예문 (9), (10)에서 동사의 단어 형태(word form) va와 pensa를 보고 비인칭 접어가 3인칭 단수라고 가정할 수 있으나 비인칭 접 어 구문에서 형용사 또는 과거 분사가 술어의 일부일 때 비인칭 주 어 si가 순수한 3인칭 단수인지 의문이 간다. 먼저 형용사와 과거 분사가 술어의 일부로 사용된 예문을 보기로 하자.

(11) a. Si è allegri.

   one(CL) be(*3, sg*) joyful(*pl, m*)   → 사람들은 즐겁다.

   b. *Si è allegro.

   one(CL) be(*3, sg*) joyful(*sg, m*)

(12) a. Si diventa noiosi.

   one(CL) become(*3, sg*) tired of(*pl, m*)

   → 사람들은 지겨워진다.

   b. *Si diventa noioso.

   one(CL) become(*3, sg*) tired of(*sg, m*)

(11a)와 (12a)는 서술 형용사가 복수여서 정문이지만 (11b)와

---

9) 접어 si는 영어의 one이나 프랑스어의 on에 해당한다. 영어로는 one goes로 표현되고 불 어로는 on va로 표현된다. 그러나 si는 one이나 on과는 달리 재귀사 또는 중간태로 사용되 고 있다. 게다가 one과는 다르게 si는 주어로만 사용되고 있다.

(12b)는 서술 형용사가 단수여서 비문이 된 것이다. 이와 같은 서술 형용사는 연계사 essere '-이다', diventare '-되다', rimanere '-남다', stare '-있다' 등과 결합된다.

(13) Si è partiti.

　　　one(CL)(*3, m*) is(*3, sg*) left(*pl, m*)　　　→ 사람들은 떠난다.

(14) La gente è partita.

　　　the people(*3, sg, f*) is(*3, sg*) left(*sg, f*)　→ 사람들은 떠난다.

(15) Si è capiti.

　　　one(CL)(*3, m* is understood(*pl, m*)　　　→ 사람들은 이해된다.

　　비인칭 접어 구문에서 서술 형용사가 계사와 같이 사용된 경우에 남성 복수가 된 것처럼 과거 분사가 조동사 essere와 술부를 이루면 남성 복수 형태가 된다(13). partire '떠나다' 동사는 자동사이지만 (15)의 capire '이해하다' 동사는 타동사이다. (15)는 수동태 구문으로 능동태 구문에서는 조동사 avere를 취하는 동사이다.

　　(11), (12), (13), (14)에서 형용사나 과거 분사가 어떤 요소와 일치를 보이는지 문제가 된다. 왜냐하면 동사는 3인칭 단수이고 형용사나 과거 분사가 남성 복수 형태를 취하고 있기 때문이다. 비인칭 주어 si가 단수인지 복수인지 단어의 형태를 보고 판단할 수 없기 때문에 두 가지 가설이 가능하다.[10] 첫 번째 가설은 주어 si가 동사

---

10) 일반적으로 이탈리아어에서 단수 명사의 어미는 -o나 -a가 가장 많고, 상대적으로 빈도

와 3인칭 단수로 일치하고 형용사나 과거 분사와는 3인칭 복수로 일치한다는 것이고, 두 번째 가설은 일반적인 비인칭 구문의 동사가 3인칭 단수 형태로만 사용되기 때문에(일기를 나타내는 비인칭 구문 Piove '비가 온다', Nevica '눈이 내린다' 등) 동사는 3인칭 단수로 사용된 것이고 비인칭 접어는 복수로 형용사나 과거 분사와 일치한다는 것이다. 그러나 두 번째 가설은 별로 설득력이 없어 보인다. 왜냐하면 복수 3인칭 동사가 사용되는 비인칭 구문도 존재하기 때문이다. 3인칭 복수 동사가 아니고 왜 3인 단수 동사를 사용했는지 설명해야 하기 때문이다.

직접 목적 접어 mi, ti, lo, la, ci, vi, li, le

직접 목적 접어는 직접 목적어로서 기능을 하며 동사의 논항으로 사용된다. 즉 직접 목적어의 기능을 하는 완전한 명사구 대신에 직접 목적 접어가 사용된다.

(16) a. Amo Maria.

　　　love(*1, sg*) Maria　　　　　➤ 나는 마리아를 사랑한다.

　　 b. La amo.

　　　her(CL)(*3, sg, f*) love(*1, sg*)　➤ 나는 그녀를 사랑한다.

(16a)는 동사가 논항으로 Maria를 취하고 있고, (16b)는 직접 목

수는 적지만 −e와 −i도 사용되고 있다. −o / −a / −e는 각각 복수 형태소를 가지지만 −i는 단수 / 복수의 구분이 형태적으로 불가능하다. −i 어미를 가진 명사는 문장에서 의미적으로나 통사적으로 단수인지 복수인지 구분이 가능하다.

적 접어를 논항으로 취하고 있다. 직접 목적 접어와 명사구가 같이
나타날 때는 (17)처럼 비문이 된다.

(17) * La amo Maria.

　　　 her(CL)(*3, sg, f*) love(*1, sg*) Maria

(17)이 비문인 이유는 amare 동사가 대격을 하나만 부여할 수 있
는데 둘이 있기 때문이다.

(18) a. Lui canta una canzone italiana.

　　　　He(*3, sg, m*) sing(*3, sg*) a song(*sg, f*) italian

　　　　→ 그는 이탈리아 깐쪼네를 부른다.

　　　b. Lui ha cantato delle canzoni italiane.

　　　　He(*3, sg, m*) has(*3, sg*) sung some songs(*pl, f*) italian

　　　　→ 그는 이탈리아 깐쪼네를 불렀다.

(18a)에서 cantare 동사 canta는 주어 Lui와 인칭과 수가 일치되고
있고, (18b)에서 avere 동사 ha는 주어 Lui와 인칭과 수가 일치되고
있다. cantare 과거 분사 cantato는 뒤에 나오는 명사/명사구와 전혀
일치를 보이지 않고 있다. (18a, b)를 접어화된 구문으로 바꾸면 아
래 (19a, b)와 같다.

(19) a. La canta.

　　　　it(CL)(*sg, f*) sing(*3, sg*)　　　→ 그는 그것을 부른다.

b. Le ha cantate.

it(CL)(*pl, f*) have(*3, sg*) sung(*pl, f*)

→ 그는 그것들을 불렀다.

(19b)에서 직접 목적 접어 Le와 과거 분사 cantate가 일치 현상을 보이고 있음을 알 수가 있다. 그러나 1·2인칭 직접 목적 접어는 일치가 수의적으로 일어난다.

(20) a. L'ho incontrato ieri. (L' = lo)

him(CL)(*3, sg, m*) have(*1, sg*) met(*sg, m*) yesterday

→ 그를 어제 만났다.

b. Li ho incontrati ieri.

them(CL)(*3, pl, m*) have(*1, sg*) met(*pl, m*) yesterday

→ 그를 어제 만났다.

(21) a. Maria, non ti avevo visto / vista.

Maria, not you(CL)(*2, sg, f*) had(*1, sg*) seen(*sg, n*) / seen(*sg, f*)[11]

→ 마리아야, 너를 보지 못했어.

b. Non ci avevi visto / viste.

not us(CL)(*1, pl, f*) had(*2, sg*) seen(*sg, n*) / seen(*pl, f*)

→ 너는 우리를 보지 못했어.

---

11) Maria, non ti avevo visto / vista.에서 visto를 (*sg, n*)으로 설정한다. 비록 이탈리아어의 문법성이 남성과 여성으로만 다루어지긴 하지만 일치가 일어나지 않을 때 남성이라는 증거 는 없다.

(19b)와 (20a, b)는 3인칭 직접 목적 접어(lo, la, li, le)는 과거 분사와 항상 일치 관계를 보인다는 예이고 (21a, b)는 3인칭 직접 목적 접어가 아닐 때, 즉 mi, ti, ci, vi일 때 수의적인 일치를 하는 예이다. 위에서 보았듯이 1·2인칭은 접어와 과거 분사의 일치에서 수의적인 일치를 보이지만 3인칭은 강제적인 일치를 보인다. 복합 시제에서 동사가 직접 목적어를 취할 때 동사와 직접 목적어 사이에 어떤 일치 관계도 없었다. 하지만 직접 목적어가 접어화되어 직접 목적 접어로 나타날 때 직접 목적 접어와 동사 사이에 일치 현상이 일어난다.

1·2인칭에서 보이는 현상과 3인칭에서 보이는 현상이 다를 수 있다는 주장 중에 하나는 Benveniste(1992)의 "3인칭은 인칭이 아니다."라는 설이다. 그는 아랍문법학자들이 사용하고 있는 인칭 구별을 받아들여서 1·2인칭만을 인칭으로 봐야 된다고 주장하였다. 그에 따르면 1인칭은 말하는 자이고 2인칭은 우리가 말을 건네는 상대방이며 3인칭은 부재자이다. 3인칭은 술어가 발화되기는 하지만 '나 – 너'의 밖에 있다고 적고 있다. 1·2인칭을 인칭으로 3인칭을 비인칭으로 구분한 것처럼 이탈리아어의 복합 시제 근과거 문장에서 직접 목적어가 접어화되었을 때 1·2인칭이 보이는 문법 현상과 3인칭이 보이는 문법 현상이 다르게 나타나고 있다.

(22) a. Ho voluto una birra fresca.

　　　 have(*1*, *sg*) wanted(*sg*, *n*) a(*sg*, *f*) beer(*sg*, *f*) fresh(*sg*, *f*)

　　　 ➤ 나는 시원한 맥주를 원했다.

b. L'ho voluta fresca. (l' = la)

it(CL)(*3, sg, f*) have(*1, sg*) wanted(*sg, f*) fresh(*sg, f*)

→ 나는 시원한 그것을 원했다.

(22a)에서 과거 분사는 (18b)처럼 중성이고 직접 목적어와 일치 관계를 보이지 않고 있다. 그리고 속성 형용사인 fresca와 부정 관사 una는 birra와 성/수 일치되고 있다. (22b)는 (22a)가 접어화된 구문으로 voluta와 fresca는 직접 목적 접어 la와 성/수 일치되고 있다.

직접 목적 접어가 대명사성인가 명사성인가 하는 문제가 대두된다. 일반적으로 이탈리아어나 영어와 같은 몇몇 언어에서 대명사는 명사구 상당어를 선행어로 받으면서 폐쇄된(closed) 구의 성격을 갖기 때문에 다른 요소에 의해서 직접적인 수식을 받지 못한다(*Ho incontrato la bella lei per la strada /*La bella la ho incontrata per la strada).[12] 그러나 직접 목적 접어는 형용사의 직접 수식을 받을 뿐만 아니라 형용사와 성/수 일치된다. 명사구 내의 요소가 핵인 명사와 일치를 이루는 것과 같은 현상이다. 흔히 대명사는 명사구 상당어 전체를 선행어를 받지 명사구 내에서 다른 요소를 잔류시키고 명사만 대명사화되는 경우는 좀처럼 찾기 어렵기 때문이다. 그리고 명사구 내에 잔류할 수 있는 요소들 중에서 형용사만이 잔류하면서 직접 목적 접어와 일치하느냐가 문제가 된다. 이 연구에서

---

12) 한국어에서는 대명사가 수식을 받을 수 있다. 예를 들면 "잘생긴 그를 오늘 기리에서 만났다."와 같은 문장에서 '그'를 관형어인 '잘생긴'이 직접 수식을 한다. 이처럼 대명사가 수식을 받을 수 있는지에 대해서 명확하게 언급되고 있진 않지만 한국어의 대명사는 폐쇄성(closedness)이 낮은 것으로 보인다(채희락 (2003), 대화 중에서).

는 직접 목적 접어가 대명사성 접어가 아니라 명사성 접어라고 가정함과 동시에 기저 생성되어 단순 시제문이든 복합 시제문이든 일치에 관여한나고 가정힌디.

부분 접어 ne

부분 접어는 어떤 것 중에서 일부를 나타내는 것으로 또는 관용어구의 일부로 이탈리아어에서 많이 사용되고 있는 대용적(anaforico) 접어 중에 하나이다.[13]

(23) a. Bevi tutto quel vino?

　　　drink(*2, sg*) all that wine?

　　　➝ 저기 있는 포도주를 다 마실 거니?

　　b. No, ne bevo solo un bicchiere.

　　　no, of them(CL)(*3, sg, m*) drink(*1, sg*) only a cup

　　　➝ 아니, 그것들 중에서 한 잔 마실 거야.

(23a)로 질문을 했을 때 (23b)로 대답한 예이다. 여기에서 ne는 '저 포도주 중에서'를 가리킨다.[14] 부분 접어 ne는 직접 목적 접어 1·2인칭(mi, ti, ci, vi)처럼 과거 분사와 수의적인 일치 현상을 보인다.

---

13) ne는 전치사구(di＋명사구 또는 da＋명사구) 대신에 사용되고 있다. 특히 행위자, 주제, 강조 장소, 장소로부터의 이동, 부사어 등 다양한 기능을 하는 접어이다. 이 연구에서는 부분 접어에 초점을 맞추고 있다.

14) 끝이 '‒i'로 끝나는 접어 다음에 오는 접어의 음절초(initial)가 'n'이나 'l'로 시작하면 '‒i'가 '‒e'로 바뀐다(si ne ➝ se ne, ci ne ➝ ce ne, mi lo ➝ me lo 등).

(24) a. Sigarette, ne ho comprato / e.

cigarettes, of them(CL)(*3, pl, f*) have(*1, sg*) bought(*sg, n*) / (*pl, f*)

→ 담배들, 그것들 중에서 일부를 샀다.

b. Pane, ne ho preso.

bread, of them(CL)(*3, sg, m*) have(*1, sg*) taken(*sg, m*)

→ 빵, 그것들 중에서 일부를 먹었다.

(24a)는 comprare의 과거 분사가 comprato(*sg, n*)로도 comprate(*pl, f*)로도 가능한 경우이다. sigaretta '담배'가 여성 명사이기 때문에 comprato를 남성으로 간주한다면 일치에서 충돌이 일어난다. 이 연구에서는 comprato가 가능한 이유는 남성이 아니라 중성이기 때문에 가능하다고 본다.[15] 그러나 (24b)는 선행어가 남성으로 접어 ne가 남성 단수의 자질을 갖는 경우이다. (24a)처럼 (24b)도 preso가 (*sg, n*)/(*sg, m*)의 자질을 가질 수 있으나 과거 분사가 중성으로 사용되었을 때나 굴절 어미가 남성으로 사용되었을 때나 굴절 어미가 같은 단어의 형태이기 때문이다.

(25) a. Ne ho letto / e già cento pagine.

of them(CL)(*3, sg, n*) / (*3, pl, f*) have(*1, sg*) read(*sg, n*) / (*pl, f*)

already 100 pages

→ 나는 그것들 중에서 이미 100쪽을 읽었다.

---

15) 보통 이탈리아어는 문법성(grammatical gender)으로 남성과 여성으로 구분된다. 이 연구에서 이탈리아어에 중성이 있다고 간주하는 것은 현상적으로 분명히 남성과 여성이 아닌 성이 있기 때문이다.

b. Ne ho fatto / *i molto / *i.

of them(CL)(*3, sg, n*) / (*3, pl, m*) have(*1, sg*) done(*sg, n*) / (*pl, m*) many(*sg, n*) / (*pl, m*)

➝ 나는 그것들 중에서 많은 것들을 했다.

(25a)의 leggere의 과거 분사는 24(a)처럼 중성 letto(*sg, n*)와 여성 복수 lette(*pl, f*)가 가능하나 (25b)는 fare의 과거 분사 fatti(*pl, m*)만이 가능하다. 접어 ne가 수량 형용사와 결합될 때 발생하는데 이는 선행어가 가산 명사여서 그렇다.[16]

(26) a. Non ne ho preso nessuno.

not of them(CL)(*3, sg, m*) have(*1, sg*) taken(*sg, m*) nothing(*sg, m*)

➝ 나는 그것들 중에서 어떤 것도 갖지 않았다.

b. Non ne ho presa nessuna.

not of them(CL)(*3, sg, f*) have(*1, sg*) taken(*sg, f*) nothing(*sg, f*)

➝ 나는 그것들 중에서 어떤 것도 갖지 않았다.

'그것들 중에서'의 의미를 갖는 접어 ne의 유형(type)은 아래처럼 네 가지 구현형(token)을 가진다고 추론할 수 있다. (27a)와 (27c)는 불가산 명사와 결합하는 구현형이고, (27b)와 (27d)는 가산 명사와

---

16) 이탈리아어에서 molto가 부사와 형용사로 사용되나 이 구문의 유형에서는 형용사로만 간주된다. 아래 a는 부사로 사용된 경우이고 b는 형용사로 사용된 경우이다. 일치 자질을 가질 수 있는 요소가 서로 같은 일치 자질을 공유하지 않았을 때는 비문이다.
  a. *Ne ho fatti molto.
  b. *Ne ho fatto molti.

결합하는 구현형이다.

(27) a. 3인칭 단수 남성(26a)

b. 3인칭 복수 남성(25b)

c. 3인칭 단수 여성(26b)

d. 3인칭 복수 여성(24a의 comprate, 25a에서 lette)

비인칭 접어 si는 어미 -i가 형태적으로 단수/복수 구분이 가능하지 않다고 지적한 바 있다. 이탈리아어에서 명사의 복수 형태소는 -i/-e만이 존재한다. 일반적으로 -e로 끝나는 것은 복수가 되면 -i가 되지만 접어 ne는 직접 목적 접어 3인칭과는 달리 단어 형태의 변화가 없으면서 단수와 복수의 기능을 한다.

부분 접어 ne는 직접 목적 접어처럼 기저 생성되었다고 가정하며, 대명사가 아니라 단어 성질의 접어로 명사에 해당한다고 본다. 왜냐하면 접어 ne가 선행어로 전치사구 상당어를 받기 때문이다. 표준 이탈리아어에서 전치사구가 명사의 부가어로 사용될 때 전치사구와 명사구가 일치되는 예는 없기 때문이다.

재귀 접어 mi, ti, si, ci, vi, si

재귀 구문의 접어 mi, ti, si, ci, vi, si는 동사와 일치되어 문장에 사용된다. 전통 문법에서는 형태론적인 차원에서 재귀 접어를 동사의 일부로 간주해서 다루었으며, 통사적인 차원에서 단어에 상응하는 요소로 다루었다.

(28) a. Io mi lavo.

   I myself(CL)(*1, sg*) wash(*1, sg*) ➤ 나는 씻는다.

   b. Io lavo me stesso.

   I wash myself   ➤ 나는 씻는다.

(28a)는 접어 구문이고 (28b)는 재귀 강형 구문이다.[17] (28a)의 mi
를 (28b)의 me stesso로 대치한 것이다. 일반적으로 me stesso의 자
리는 목적어의 자리로 대격을 받는 곳이다. 만약에 동사 lavare 앞
에 mi를 뒤에 me stesso를 사용한다면(Io mi lavo me stesso) 비적격
문이다. 격 부여자인 lavare 동사가 대격을 두 번 부여할 수 없기
때문이다. 그러나 동사의 오른편에 일반 명사구가 나올 경우에는
재귀 접어는 여격을 받고 일반 명사구는 대격을 받는다.

(29) a. Io mi lavo le mani.

   I myself(CL)(*1, sg*) wash(*1, sg*) the hands

   ➤ 나는 손을 씻는다.

   b. Io lavo le mani a me.

   I wash(*1, sg*) the hands to me

   ➤ 나는 나의 손을 씻는다.

---

17) 이탈리아어 문법책에서 재귀 강형이라는 용어는 사용되고 있지 않다. 직접 목적어나 간접
   목적어에서 접어에 해당하는 것을 약형이라 하고 단어로 대치될 수 있는 것을 강형이라고
   사용하고 있으나, 재귀사 구문에서 단어로 대치될 수 있는 요소를 편의상 강형이라 사용하
   겠다.

재귀 접어는 타동사와 결합하기 때문에 복합 시제에서 조동사 avere와 결합해야 한다. 그러나 동사의 어형이 숙주어로 시제가 있는 동사를 취할 때는 보조 동사로 essere를 취하고 부정형일 때는 조동사로 avere를 취한다.

(30) Maria ha dovuto alzarsi presto.

Maria(*3, sg, f*) has(*3, sg*) must(*sg, m*) wake up herslef(CL)(*3, sg*) early

➝ 마리아는 일찍 일어나야만 했다.

(31) Maria si è dovuta alzare presto.

Maria(*3, sg, f*) herself(CL)(*3, sg*) is(*3, sg*) must(*sg, f*) wake up early

➝ 마리아는 일찍 일어나야만 했다.

재귀 접어 si가 부정형 동사와 결합했을 때 조동사가 avere이며 재구성 동사 dovuto는 남성 단수 형태이지만, 접어 si가 정형 동사 앞에 나타나면 재구성 동사는 여성 단수 형태 dovuta로 일치된다. (30)과 (31)의 문장을 가지고 두 가지 가정을 할 수 있다. 첫 번째는 다층위 문법에서 일반적으로 시도될 수 있는 가정으로 재귀 접어가 상승을 할 때 본동사의 속성이 변한다는 것이다. 그런데 이탈리아어의 여러 접어 중에서 재귀 접어만 그런 현상이 있는지에 대한 설명이 부족하다. 두 번째 가정은 단층위 문법에서 시도될 수 있는 가정으로 재귀 접어는 기저 생성되었고 복합 시제에서는 조동사를 essere로 요구한다는 것이다. 이 연구에서는 시제가 있는 문장에서 재귀 접어가 조동사를 essere로 요구한다고 가정한다.

4.2 어미 성질의 접어

내재 재귀사는 전통 문법에서 대명 자동사라 칭하는 것으로 재귀 접어와 같은 형태론적인 변화 유형을 보이고 있다. 그러나 재귀 접어와 결합하는 동사는 타동사인 데 비해 내재 재귀 접어와 결합하는 동사는 자동사의 성질을 가지고 있다.[18]

(32) Io mi vergogno di ciò che ho fatto.

  I mi(CL)(*1, sg*) be ashamed(*1, sg*) of the thing which have(*1, sg*) done

  → 나는 내가 한 짓이 부끄럽다.

위의 문장에서 내재 재귀 접어는 동사와 인칭/수에서 일치 현상이 일어난다. 재귀 접어와는 달리 내재 재귀 접어는 직접 목적어 또는 간접 목적어의 역할을 하지 못한다. (32)를 재귀 동사 구문처럼 강형으로 바꾸면 (33)처럼 비문이 된다.

(33) a. * Io vergogno me stesso di ciò che ho fatto.

  I shame myself the thing which have(*1, sg*) made

  b. * Io vergogno a me stesso di ciò che ho fatto.

---

18) 내재 재귀 접어는 Burzio(1986: 38 – 40)가 내재 재귀사라 칭한 용어이다. 그는 재귀 동사의 재귀 접어처럼 격을 받을 수 있는 외현적인 목적어와 대체 가능한 것과 대체 가능하지 않는 것을 구분하였다. 외현적으로 목적어와 대체 가능한 것을 재귀 접어로, 대체 가능하지 않는 것을 내재 재귀 접어라는 용어를 사용하겠다.

I shame to myself the thing which have(*1, sg*) made

내재 재귀 접어가 재귀 접어처럼 음운 / 통사적인 독립성이 없는
것은 같지만, 내재 재귀 접어는 단어 상당 어구로 대치시켰을 때
비문이 된다.

중간태 접어 si

중간태 접어 si는 전통 문법에서 수동화 si(si passivante)라고 불리
는 것으로 능동태 구문 형식을 취하고, 행위자가 나타나지 않으며,
타동사의 3인칭 단수나 복수와 함께 문장에 나타난다.

(34) Si vede un uomo.

si(CL) see(*3, sg*) a man

비인칭 접어 si는 자동사 / 타동사 구분 없이 3인칭 단수와 결합
하지만 중간태 si는 3인칭 단수 / 복수 타동사와만 결합한다. 3인칭
단수 타동사일 때 (38)처럼 비인칭 의미 해석과 중간태 의미 해석
이 모두 가능하다.

(35) a. Uno vede un uomo.

one see a man　　　　　　→ 사람들이 한 남자를 본다.

b. È visto un uomo.

be(*3, sg*) seen(*sg, m*) a man　　　→ 한 남자가 보인다.

(35a)는 비인칭으로 해석하는 것이며 (35b)는 중간태로 해석하는 것이다. (34)의 문장은 비인칭 구문인지 중간태 구문인지 외형적으로 드러나지 않는다. 그러나 동사 다음에 복수 명사가 나오면 정문으로 받아들이는 정도에서 차이를 보인다.

(36) ?Si mangia le mele.

    si(CL) eat(*3, sg*) the apples(*pl, f*)   → 사과들이 먹힌다.

(37) a. Si mangiano le mele.

    si(CL) eat(*3, pl*) the apples(*pl, f*)   → 사과들이 먹힌다.

    b. Le mele si mangiano.

    the apples(*pl*, f) si(CL) eat(*3, pl*)

(36)의 문장이 비인칭 구문일 때는 정문이지만 중간태 구문일 때는 일부만이 정문이라고 여긴다. 그러나 (37a, b)는 모두가 정문이라고 한다.[19] (37a)의 목적어 위치에 있는 le mele와 동사가 일치된다. (37b)는 le mele가 문두로 도치된 것이다.

비인칭 si의 문장에서 형용사와 과거 분사의 어미가 복수인 데 반해(38a, b), 중간태 si는 그렇지 않다(39b).

(38) a. Si vive contenti in questa città.

    one(CL) live(*3, sg*) happy(*pl, m*) in this city

---

19) 비인칭 구문일 때 (37)은 비문이다.

b. Si è andati al cinema ieri sera.

one(CL) is(*3, sg*) gone(*pl, m*) to the theater yesterday evening

(39) a. Questa pasta si è mangiata con piacere.

this pasta si(CL) is eaten(*sg, f*) with pleasure

b. *Questa pasta si è mangiate con piacere.

this pasta si(CL) is eaten(*pl, f*) with pleasure

지금까지 언급한 내용을 정리하면 중간태 si와 결합하는 동사는 타동사이고 3인칭 단수일 때 비인칭 해석도 가능하고 중간태로도 해석이 가능하다. 중간태 접어 si는 일반적인 수동태와는 달리 행위자 보어가 사용될 수 없으며, 술어의 형용사나 과거 분사가 단수 형태로 나타난다.

능격 접어 si

능격성이란 자동사의 논항이나 타동사의 주제 / 피행위자(theme / patient) 의미역을 가진 논항과 같거나 비슷한 성격을 가지는 것을 말한다. 아래와 같은 문장에서 접어 si는 능격성을 갖게 하는 역할을 한다.[20]

---

20) Burzio(1986: 38)는 능격 동사의 si가 타동사에서 능격 동사로 파생되면서 주어 의미역의 손실을 형태론적으로 반영하며, 능격 si는 통사적으로 아무런 기능을 하지 못하며, 단지 접

(40) Lo specchio si rompe.

the mirror si(CL) breaks   → 거울이 깨진다.

이 구문에서 접어는 타동사를 자동사로 만들어 주는 표지(marker)
처럼 행동하며 3인칭 동사와 결합한다. 위의 문장은 아래와 같은
대응 타동사 문장을 가지고 있다.

(41) Giovanni rompe lo specchio.

Giovanni breaks the mirror   → 죠반니가 거울을 깬다.

이탈리아어에 능격 동사는 두 가지 부류로 분류된다. 하나는 (40)
처럼 접어와 결합된 동사의 유형이고, 다른 하나는 접어와 결합되
지 않은 동사의 유형이다. 접어화가 일어나지 않는 능격 동사
affondare '침몰하다'의 예를 보자.

(42) a. L'artigliera affondò due navi nemiche.

   the artillery sank(*3*, *sg*) two enemy ships

   → 그 포가 적군의 배 두 척을 침몰시켰다.

 b. Due navi nemiche affondarono.

   two enemy ships sank(*3*, *pl*)

   → 적군의 배 두 척이 침몰했다.

사와 같다고 언급하고 있다.

(42a, b)는 능격 접어가 없는 능격 구문이다. 능격 접어가 없이도 능격 구문이 될 수 있다는 것은 능격 접어 si가 동사의 타동성을 없애고 능격성을 갖게 하는 표지로 이해할 수 있다.

5. 제약 기반 문법으로서 HPSG

HPSG는 언어 표현인 기호(sign)를 음운, 통사, 의미, 담화, 구구조의 정보를 갖는 구조화된 복합체로 간주한다. 즉 모든 언어적 대상물은 자질 구조로 표현한다. 자질 구조는 언어 표현 또는 범주의 정보를 속성 – 속성가 행렬(attribute – value matrix: AVM)의 형식으로 표시된다. 그리고 문법은 유형의 위계(sort hierarchy)와 원리(principles)의 집합으로 이루어져 있다.

일치 현상에 대한 접근 방법에는 크게 두 가지가 있다. 하나는 파생적 접근 방법(derivational approach)으로 일치를 제한하는 요소를 통제자(controller)[21]라고 부르고 있으며, 일치에 의해서 제한되는 요소를 목표(target)라고 부르고 있다. 일치가 일어나는 통사적인 환경은 일치의 영역(domain)이다. 그리고 일치에 관계하는 자질로는 성, 수, 인칭, 격이 있다. 일반적으로 일치는 방향성(directionality)과 관련되어 있다는 것이 직관적인 견해이다. 예를 들어서 Giovanni ride 'Giovanni가 웃는다.'라는 표현은 Giovanni가 3인칭, 단수이기 때문에 ride가 3인칭, 단수 자질을 가진다고 본다. 이러한 직관력을 반영

---

21) Barlow(1992)는 통제자라는 용어 대신에 Source라는 용어를 사용하고 있다.

하는 이론 중에 하나가 자질 명세 복사 이론이다. Giovanni가 통제 자이고 ride가 목표가 되어 Giovanni의 자질이 ride의 자질에 일치된 다. 그러나 일치는 자질을 이동시키기나 복사에 의해서 이루어지는 것이 아니라 하나의 언어 대상물에 대해서 부분적인 정보를 명세하 는 것으로 간주된다. 다른 하나는 제약 기반 접근 방법(constraint‒based apporaoch)으로 자질 복사 이론의 대안으로 대두된 비대칭 (asymmetry) 일치 이론이다. 비대칭 일치 이론에서는 이동을 가정하 지 않고 통제자와 목표에 자질의 자유 구현(free instantiation)을 허용 한다. 일반화 구구조문법(Generalized Phrase Structure Grammar: GPSG)에서 문법적으로 적절한 문장을 만들기 위해서는 특정한 자 질 명세의 동일성을 요구하는 제약을 사용한다. 복사나 방향성을 사 용하지 않고 자질 명세의 조화를 제공하는 통합(unification) 이론에 의해서 일치 관계를 설명한다. 그리고 HPSG에서는 '닻 내리기 (anchoring)'를 통해서 비대칭이 포착된다. 성, 수, 인칭 자질은 명사 구의 INDEX 값을 통해서 실세계에 있는 실체에 고정된다.

　　Kathol(1997)에 의하면 일치 표지는 논항인 근원(source)뿐만 아니 라 선택자인 목표에까지 제시되어야 한다고 주장한다. 그는 MORSYN 자질 안에 핵어 자질로 AGR을 포함시킨다. 그리고 그의 이론 내에서 일치 관계를 두 가지로 제시한다.

(43) a. Morphosyntactic: selector's AGR is structure‒shared in its relevant partswith its argument's AGR.

　　 b. Semantic: selector's AGR is structure‒shared in its relevant parts with its argument's INDEX.

이러한 일치 관계는 언어 대상과 그와 관계된 자질이 닻 내리기 조건을 통해서 사상된다. 일치에 관한 제약 기반 접근 방법은 일치 관계에 참여하는 두 요소가 하나의 언어 대상에 대한 부분적인 정보를 명세한다.[22] 일치는 하나의 대상에 대해서 두 가지 원천으로부터 오는 정보가 반드시 양립해야 한다. Pollard & Sag(1994)의 제약 기반 일치 이론으로 일치를 세 가지 유형으로 구분한다. 지표 기반 일치(인칭, 수, 성의 일치), 통사적 일치(case concord)와 화용적 일치(경어 일치)이다.[23] 지표 기반 일치는 명사류의 의미 내용의 부분으로 지시적 지표의 공유를 포함한다. 이 지시적 지표는 의미 해석에서 중요한 역할을 한다. 지표는 상황 의미론에서 제한된 매개 변수(restricted parameter)로 의미적으로 기능을 하는 변항이다. 지시적 명사의 의미상의 정보(CONTENT)의 자질은 INDEX와 지표에 부과되는 제한되는(restricted) 의미의 집합인 RESTRICTION이라는 두 종류의 행렬을 갖는다. 명사 libro '책'에 대한 간단한 어휘 내항은 아래와 같다.

---

[22] 대명사성 탈락어(prodrop language)의 경우에는 약간의 문제가 있다. 생략된 또는 발화되지 않은 주어에 일치 자질이 있다고 가정해야 하기 때문이다. 이는 단층위 문법에서 외현적으로 구현된 요소만을 대상으로 삼기 때문이다. Petya Osenova(2001)는 불가리어의 표현되지 않는 주어-동사의 유형에 대해서 제약을 제안한다(표현되지 않는 INDEX 자질은 동사의 CAT 자질과 부합한다(coincide). 그래서 동일한 AGR의 자질을 갖는다).

[23] 이 세 종류의 일치 중에서 지표 기반 일치에 대해서 보기로 하겠다. Pollard & Sag(1994) 참조.

(44) 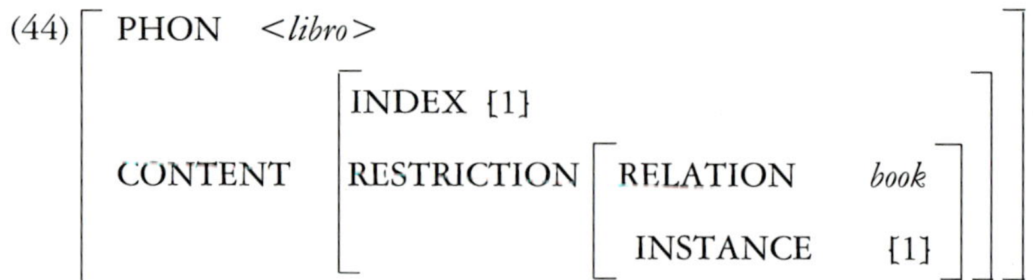

PHON은 음소의 연결체를 뜻하며, CONTENT는 의미 정보를 인코드한다. 명사구의 CONTENT의 값은 Pollard & Sag(1994)의 의미 원리(Semantics Principle)에 의해서 구성 요소에 의해서 조합된다.[24] 의미 원리에 의해서 핵어인 명사로부터 명사구의 INDEX 값을 부여받는다. 발화 해석을 위해서 닻이라 불리는 특별한 해석 기능이 모델 안에 있는 항목에 각각의 지표를 사상(mapping)한다. 이 기능은 발화 맥락에 의해서 제약되며, 또한 언어 내용(linguistic content)에 의해서 제약된다. 지표는 'libro' RELATION의 INSTANCE인 개체에 반드시 닻이 내려야 한다. (44)에서 [1]은 태그(tag)라 불리며 구조 공유를 지시한다.[25] 동일한 태그는 속성가가 같다는 것을 의미한다. (44)의 libro의 내항을 좀 더 상세하게 기술하면 아래와 같다.

---

24) 의미 원리에 대해서 자세하게 언급하지 않고 넘어가기로 하겠다. Pollard & Sag(1994), Sag & Wasow(1999) 참조.

25) 구조 공유(structure sharing)란 하나의 자질 구조 안에 두 개 또는 그 이상의 다른 속성들이 동일한 자질 구조로 된 속성 값을 가질 수 있음을 말한다. 두 요소가 구조 공유를 이루면 두 요소는 통합(unification)된다. 두 자질 구조가 통합되려면 상호 모순되는 정보를 갖지 않아야 한다.

(45)

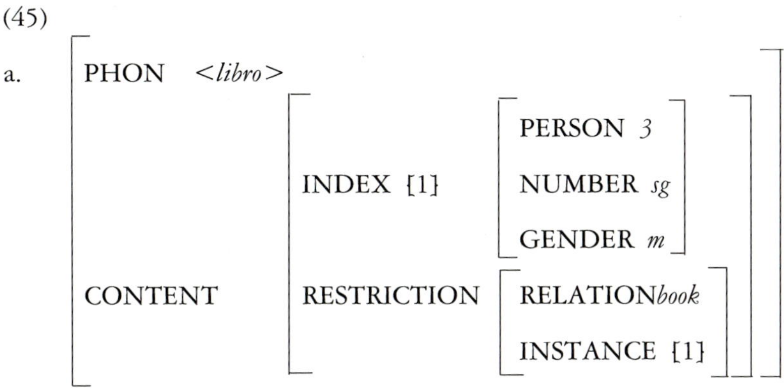

    (45a)의 행렬(matrix)을 줄여서 좀 더 간결하게 줄이면 (45b)와 같다. 이와 구조를 어휘 내항으로 가정한 이유를 형태 통사론에서 의미 지표가 중요한 역할을 하기 때문이다. 예를 들면 국부적인 결속에서 결속자와 대용적 대명사가 단 하나의 지표를 공유하기 때문이다. 공유된 지표가 서로 일치한다는 제약이 필요하다.[26] 일치(AGR)의 자질은 PER(person), NUM(number), GEN(gender)의 자질 구조를 가진다. 이탈리아어에서 일치는 두 종류로 나타난다. 하나는 인칭과 수의 일치이고 다른 하나는 인칭, 수, 성의 일치이다. 주어와 정형 동사(finite verb), 서법 동사(modal verb), 조동사(auxiliary verb)가 인칭과 수의 일치가 있는 반면에 서술 형용사(predicative

---

26) Sag & Wasow(1999: 153)는 대용어 일치 제약(Anaphoric Agreement Principle)을 제안하는데 이 연구에서 일치 제약이라 칭하겠다.

adjective)나 과거 분사(past participle)는 주어와 인칭, 성, 수의 일치
가 있다.

(46) 주어와 정형 동사 일치 제약[27)

$$\begin{bmatrix} \text{HEAD } \textit{verb} \mid \text{AGR } \{1\} \begin{bmatrix} \text{NUM } \{\alpha\} \\ \text{PER } \{\beta\} \end{bmatrix} \\ \text{SUBJ } < \text{AGR } \{1\} > \end{bmatrix}$$

위의 주어와 정형 동사 일치 어휘 규칙에 따라서 동사는 주어와
수와 인칭이 일치된다. 모든 정형 동사는 이 규칙에 따른다.

(47) 서술 형용사 / 과거 분사 일치 제약

$$\begin{bmatrix} \text{HEAD } \textit{adj} \lor \textit{p.prt} \begin{bmatrix} \text{PRED } + \\ \text{AGR } \{1\} \begin{bmatrix} \text{NUM } \{\alpha\} \\ \text{GEN}\{\beta\} \end{bmatrix} \end{bmatrix} \\ \text{SUBJ } < \text{AGR } \{1\} > \end{bmatrix}$$

서술 형용사나 조동사 essere와 결합해서 과거 분사로 사용되는
본동사는 위의 규칙을 따른다. 서술 형용사 / 과거 분사 일치 제약은
주어와 서술 형용사 또는 과거 분사의 일치가 일어날 때 적용된다.
이 연구에서는 어휘부(lexicon)의 유형이 다중 승계 계층(multiple
inheritance hierarchy)으로 조직되어 있다고 가정한다. 계층의 상위

---

27) α, β, γ는 정수(integer)의 치역(range)을 갖는 변수이다. 동일한 변수를 가진 두 요소가
   있을 때 상호 일치된다.

(top)를 대략적으로 아래와 같이 나타낼 수 있다.

(48)

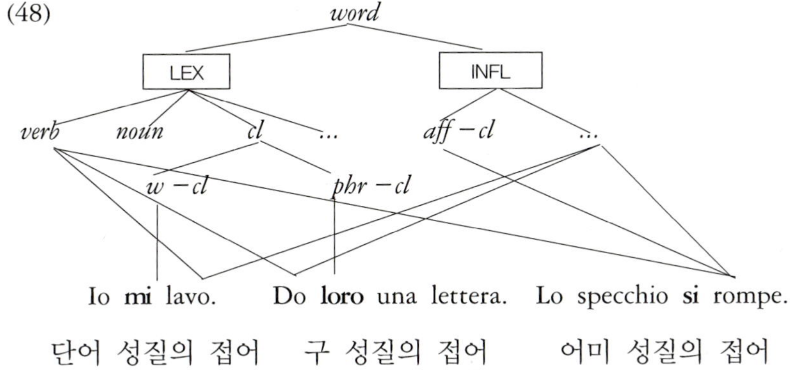

각각의 단어는 어휘(LEX)와 굴절(INFL)로 양립된다. 계층의 LEX 는 범주, 하위 범주 요구 등으로 단어의 하위 분류화(subclassification) 를 포함하고 있다. LEX에 접어가 하위 유형(subsort)에 포함되고 있 다고 가정한다. 이 접어는 또한 단어 성질의 접어(*w − cl*)들과 구 성 질의 접어(*phr − cl*)를 하위 유형으로 갖는다. 계층의 INFL은 동사, 명사, 형용사, 어미 성질의 접어(*aff − cl*) 등의 굴절을 결정한다. 접 어화가 일어나지 않은 일반 동사는 LEX의 하위 유형인 *verb*와 INFL만이 결합한다.

접어와 일치

앞에서 접어의 일치에서 다루었던 내용을 정리하면 접어와 일치 에 관한 유형을 분리하면 네 가지 유형으로 구분할 수 있다. 첫 번 째 유형, 단어 성질의 접어 중에서 비인칭 주어 si 구문에서 나타나는 것으로 주어와 본동사, 조동사, 서술 형용사 또는 과거 분사의 일치가 있다. 두 번째 유형, 단어 성질의 접어 중에서 직접 목적 접어, 부분 접어 ne 구문에서 나타나는 것으로 접어와 형용사 또는 과거 분사의 일치가 있다. 세 번째 유형, 재귀 접어 구문에서 나타 나는 것으로 접어와 동사의 일치 관계를 보일 뿐만 아니라 복합 시 제문에서 조동사 essere를 요구하면서 과거 분사와 일어나는 일치가 있다. 네 번째 유형, 어미 성질의 접어 구문에서의 일치이다. 어미 성질의 접어 구문에서 내재 재귀 접어와 동사의 일치가 있고, 중간 태 구문에서 목적어 자리에 있는 명사와 동사의 일치 그리고 능격 접어 구문에서 주어와 술어의 일치가 있다.

(49)

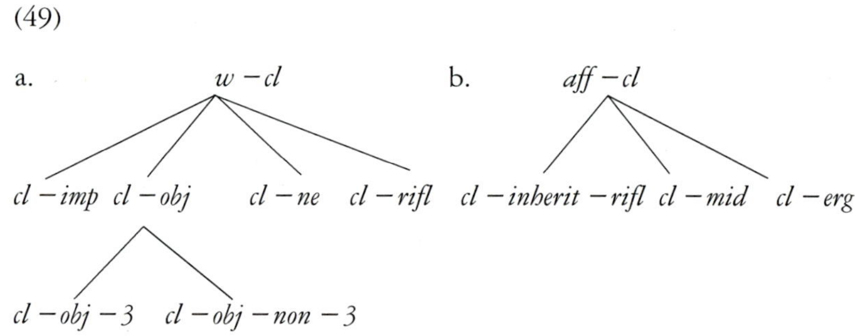

단어 성질의 접어는 (49a)와 같은 계층 구조를 가지며, 어미 성질 의 접어는 (49b)와 같은 계층 구조를 갖는다. 이들은 각각 (48)의 계층 구조에 하위 구조를 이룬다.

첫 번째 유형: 비인칭 주어 si 구문에서 나타나는 주어와 본동사, 조동사, 서술 형용사 또는 과거 분사의 일치.

(50) a. Si ama la vita. (= 10)

one(CL) love(*3, sg*) the life

b. Si è allegri. (= 11a)

one(CL) be(*3, sg*) joyful(*pl, m*)

(50)의 예에서 비인칭 접어 si가 주어와 동사의 일치 관계를 보면 3인칭 단수라고 가정할 수 있다. 그러나 (50b)의 형용사가 남성 복수 형태를 취하고 있다. (50b)가 말해주는 것은 순수하게 비인칭 접어가 3인칭 단수만은 아니라는 것을 추론하게 한다. (50b)를 설명하기 위해서 형태 통사적인 일치뿐만 아니라 의미적인 일치가 나타나는 문장을 보기로 하자.

(51) a. Questo pianista è bravo. → 이 피아니스트는 훌륭하다.

this(*sg, m*) pianist is excellent(*sg, m*)

b. Questa pianista è brava. → 이 피아니스트는 훌륭하다.

this(*sg, f*) pianist is excellent(*sg, f*)

artista, elettricista, dentista, giornalista, musicista, oculista, egoista, pianista, turista, ottimista 등은 접미사가 –ista형으로 전통 문법에서 남녀동형으로 취급되고 있다. (50)의 예에서 알 수 있듯이 pianista 자체는 남성인지 여성인지가 결정되는 것은 지시체가 가지고 있는 자연성에 의해서다. 이와 같은 부류의 명사는 일치를 형태 통사적인 요소에 의해서 유발되는 것이 아니라 지시체가 가지고 있는 자연성

에 의해서 의미적인 일치가 유발되는 것이다. (51)의 예에서 이탈리
아어가 형태-통사적인 일치뿐만 아니라 의미적인 일치를 한다는
것을 보았다. 다시 (50b)로 돌아가자. 비인칭 접어 si는 흔히 '사람
들'로 번역되고 있다. 여기에서 '사람들'이란 특정한 사람들을 말하
는 것이 아니라 불특정한 사람들을 가리킨다. Kathol(1997)이 제안
했듯이 형태 통사적인 AGR에 INDEX 일치를 추가시켜야 된다는
입장을 취한다. 비인칭 접어는 아래와 같은 일치 구조를 가진다고
본다.

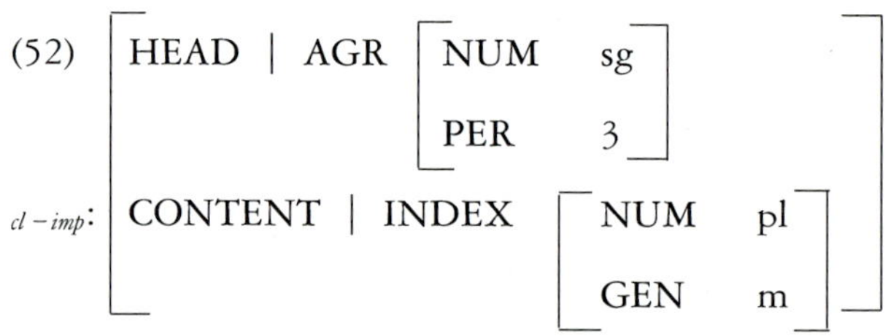

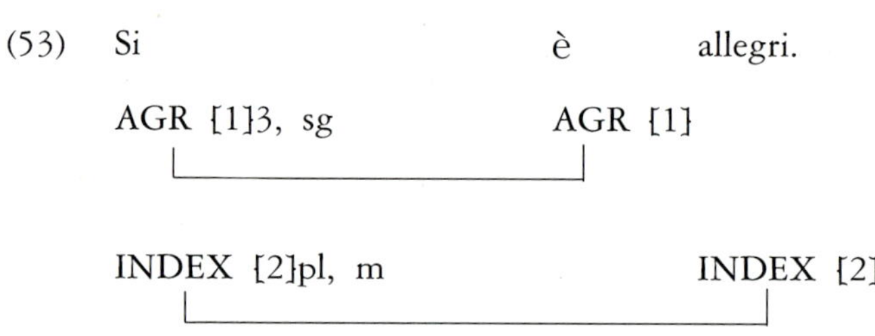

비인칭 접어와 동사는 (46)의 주어와 정형 동사 일치 제약에 따
라서 주어와 동사가 동일 지표된 AGR의 자질 구조를 갖지만, 비인
칭 접어와 형용사의 일치는 INDEX의 일치를 따른다. 이렇게 비인
칭 접어 si가 AGR의 값과 INDEX의 값이 다르다고 가정함으로써
혼성일치(mixed agreement 또는 hybrid agreement)를 간단하게 설명

할 수 있다.

두 번째 유형: 1. 직접 목적 접어와 형용사 또는 과거 분사의 일치.

(54) a. L'ho incontrato ieri. (L' = lo) (= 20a)

    him(CL)(*3, sg, m*) have(*1, sg*) met(*sg, m*) yesterday

  b. Li ho incontrati ieri. (= 20b)

    them(CL)(*3, pl, m*) have(*1, sg*) met(*pl, m*) yesterday

(55) Maria, non ti avevo visto / vista. (= 21a)

    Maria, not you(CL)(*2, sg, f*) had(*1, sg*) seen(*sg, n*) / seen(*sg, f*)

복합 시제문에서 직접 목적 접어는 1/2인칭은 과거 분사와 수의 적인 일치를 하고(55), 3인칭은 강제적인 일치를 한다. 1/2인칭 직접 목적 접어는 HEAD의 AGR 값과 INDEX의 값이 다르다(54). 그러나 3인칭 직접 목적 접어는 HEAD의 AGR 값과 INDEX의 값이 같다.

(56) a. 1 / 2인칭 직접 목적 접어

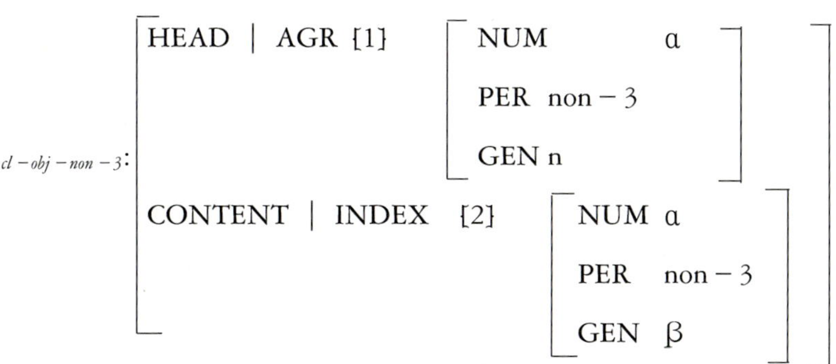

b. 3인칭 직접 목적 접어

$$cl-obj-3: \begin{bmatrix} \text{HEAD} \mid \text{AGR} \quad [1] & \begin{bmatrix} \text{NUM} & \alpha \\ \text{PER} & 3 \\ \text{GEN} & \beta \end{bmatrix} \\ \text{CONTENT} \mid \text{INDEX} \quad [1] \end{bmatrix}$$

(56a)와 (56b)처럼 어휘 내항이 다른 일치 요소를 가지고 있다. 이렇게 가정한 첫 번째 이유는 앞에서도 언급한 것처럼 1/2인칭 직접 목적 접어와 3인칭 직접 목적 접어가 다른 문법화의 과정을 거쳤으며, 두 번째 이유는 수의적인 일치와 강제적인 언어 사용에서 나타나기 때문이다. 1/2인칭 직접 목적 접어는 AGR의 자질과 INDEX의 값이 성(GEN)에서 다르지만, 3인칭 직접 목적 접어는 AGR의 자질과 INDEX의 값이 모두 같다고 가정함으로써 수의적인 일치를 설명할 수 있다.

두 번째 유형: 2. 부분 접어 ne와 형용사 또는 과거 분사의 일치.
(57) Sigarette, ne ho comprato / e. (= 24a)

   cigarettes, of them(CL)(*3, pl, f*) have(*1, sg*) bought(*sg, n*) / (*pl, f*)

부분 접어 ne가 3인칭에 해당하지만 3인칭 직접 목적 접어처럼 어휘 내항을 가지는 것이 아니라 ne는 1/2인칭 직접 목적 접어처럼 수의적인 일치를 보인다.

(58)

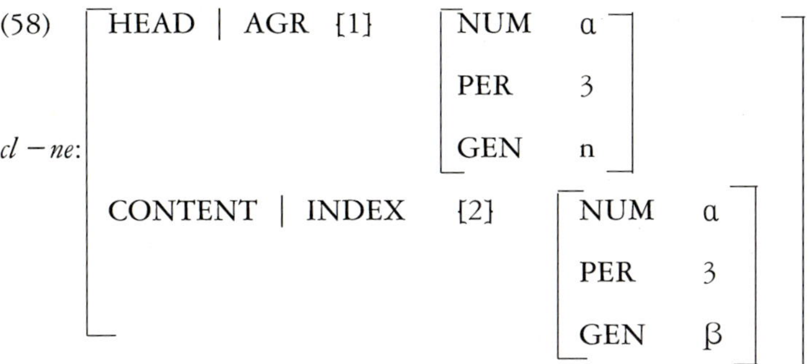

세 번째 유형: 1. 재귀 접어 구문의 접어와 동사의 일치.

(59) Io   mi   lavo. (= 28a)

   I(1, sg) myself(CL)(*1, sg*) wash(*1, sg*)

재귀 접어는 앞에서 다룬 일치보다도 좀 더 복잡한 양상을 띤다.
주어, 재귀 접어, 동사가 동일한 AGR의 자질 구조를 갖기 때문이다.

$$(60)\quad \begin{bmatrix} \text{MORPH} & \begin{bmatrix} \text{FORM} \\ \text{I} - \text{FORM} \end{bmatrix} \\ \text{CL} & \begin{bmatrix} \text{HEAD} & cl-rifl \ \vee \ cl-inherit-rifl \\ \text{MORPH} & \{\text{mi}[1]1,\ sg,\ \text{ti}[2]2,\ sg,\ \text{si}[3]3,\ sg,\ ..\} \end{bmatrix} \\ \text{STEM} & \begin{bmatrix} \text{HEAD} & \begin{bmatrix} verb \\ \text{VFORM}\ indic \\ \text{AGR}\{[1]1,\ sg,\ [2]2,\ sg,\ [3]3,\ sg,\ ..\} \end{bmatrix} \end{bmatrix} \end{bmatrix}$$

FORM과 I – FORM은 각각 굴절된 동사의 형태로서 I – FORM과
접어화된 형태로서의 FORM을 갖는다. HEAD 값으로 올 수 있는

어휘소(lexeme)는 재귀사나 내재 재귀사이다. *cl −rifl*은 단어 성질의 접어인 재귀사 어휘소이고, *cl −inherit −rifl*은 어미 성질의 접어인 내재 재귀사 어휘소이다. 내재 재귀 접어는 재귀 접어처럼 다른 명사구나 명사 상당어로 대치 불가능하고 화석화된 형태로 숙주어인 동사와 함께 사용된다. 내재 재귀 접어는 시제문에서 동사가 굴절되면 동사와 같이 수와 인칭이 일치를 이룬다. 재귀 접어는 앞에서 언급한 첫 번째 유형과 두 번째 유형처럼 단어 성질의 접어이지만 숙주어인 동사와 동일한 자질값을 갖는다는 데 차이가 있다. (59)의 lavare 동사 lavo의 AVM은 아래와 같다.

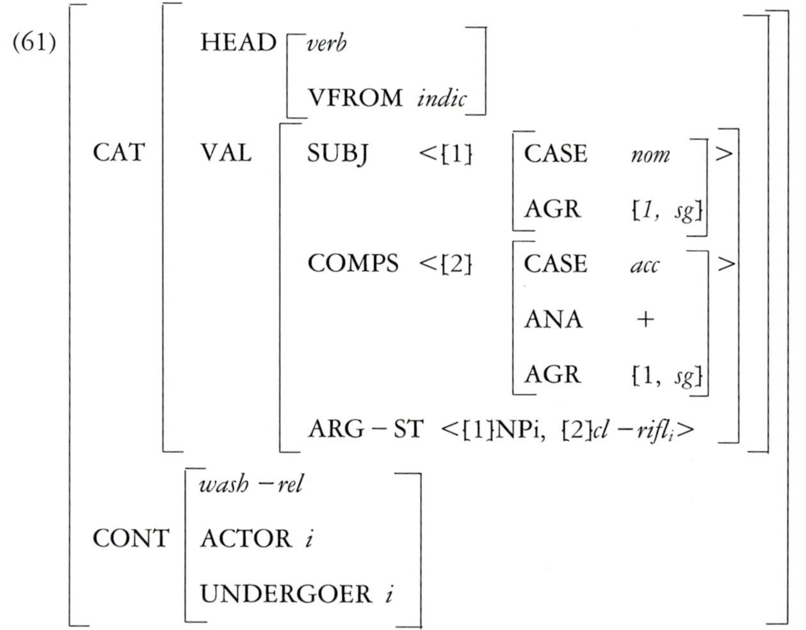

Monachesi(1995)와 Sag & Miller(1997)는 이탈리아어 및 로망스어의 재귀 접어를 접미사처럼 분석하였다. 그래서 재귀 접어를 굴절

어미처럼 다루었으나 이 연구에서는 재귀 접어는 단어 성질의 접
어이므로 굴절 어미처럼 다루면 안 되고 단어처럼 다루고 있다. 이
분석에서 유의해야 할 점은 행위자와 행위를 겪는 사람이 동일한
지표를 갖는다는 거와, 주어, 동사, 재귀 접어가 같은 AGR의 값을
가진다고 분석해야 한다. mi lavo '나는 나 자신을 씻는다.'와 같은
단어 형태가 되기 위해서는 형태론적으로 (60)의 제약을 거치며, 통
사론적으로 점검을 받는다.

세 번째 유형: 2. 재귀사 접어 구문의 복합 시제문에서 조동사
essere, 과거 분사의 일치.

 (62) Maria si è dovuta alzare presto. (=31)

   Maria(*3, sg, f*) herself(CL)(*3, sg*) is(*3, sg*) must(*sg, f*) wake up early

 (63) COMPS <[(AUX essere,)VP1(,VP2)}>

재귀 접어는 COMPS로 조동사 essere를 취하고 essere 동사는 하
위 COMPS로 과거 분사를 보충어로 취한다.[28] 이탈리아어의 복합
시제문에서 재귀 접어가 숙주어 앞에 나타날 때 보충어로 조동사
essere를 취한다고 제약을 두는 이유는 접어가 기저 생성되었다는
주장과 동시에 이동을 가정하지 않아도 되기 때문이다.

 세 번째 유형의 재귀 접어와 네 번째 유형의 내재 재귀 접어의

---

28) "재귀 접어는 동일한 동사의 앞선 논항에 의해서 반드시 결속되어야 한다."는 결속 이론이
  필요하다. 이 연구에서는 재귀 접어와 동사의 일치에 관해서만 관심을 가지므로 상세한 이
  론은 다루지 않기로 하겠다.

차이는 접어가 논항으로서 기능을 하느냐 못 하느냐에 따라서 나타난다. 재귀 접어는 동사로부터 대격을 받는 논항이지만 내재 재귀 접어는 비논항으로 격을 받지 못하며 동사와 일치 자질만 공유한다.

네 번째 유형: 1. 내재 재귀 접어와 동사의 일치.
(64) Io mi vergogno di ciò che ho fatto. (=32)

    I mi(CL)(*1, sg*) be ashamed(*1, sg*) of the thing which have(*1, sg*) done

mi vergogno와 같은 단어 형태가 되기 위해서는 형태－통사론적으로 (60)의 제약을 거치며, 통사론적으로 (65)의 점검을 받는다. vergognarsi 동사 vergogno의 AVM을 보면 아래와 같다.

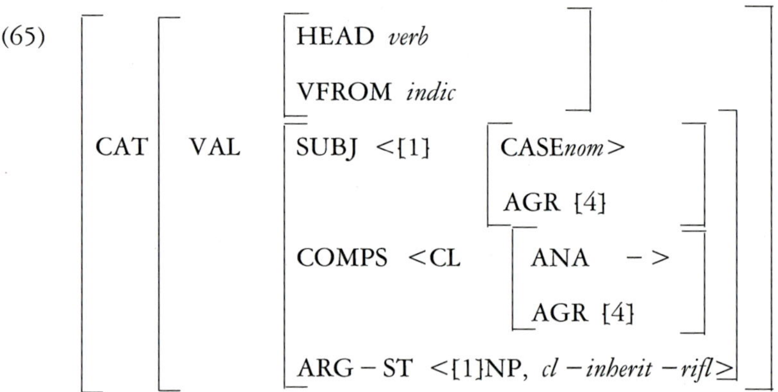

접어의 AGR 값과 주어의 AGR 값이 일치한다는 점에서 재귀 접어와 결합하는 동사와 같지만 대용어가 아니라는 점에서 차이를

보인다. 그리고 재귀 접어는 격으로 acc를 받지만 재귀 접어는 격을 받을 수 없을 뿐만 아니라 동사와 결합해서 ARG – ST의 구성원이 된다는 점에서 차이를 보인다.

네 번째 유형: 2. 중간태 구문에서 목적어 자리에 있는 명사와 동사의 일치

(66) Si mangiano le mele. (= 37a)

  si(CL) eat(3, *pl*) the apples(*pl, f*)

중간태 구문에 나타나는 접어는 일치에서 적극적인 참여자가 되지 못한다. 내재 재귀 접어 구문에서 동사 오른쪽에 나타나는 명사구가 주어로서 기능을 하며, 동사와 일치 관계를 갖는다. 이때 동사는 명사가 단수냐 복수냐에 따라서 3인칭 단수나 3인칭 복수의 형태를 갖는다.

(67) 중간태 동사 어휘 규칙

$$\left[\text{CAT} \begin{bmatrix} verb \\ \text{SUBJ} \ <[1]\text{NP}> \\ \text{COMPS} \ <[2]\text{NP}> \end{bmatrix} \right] \Rightarrow \left[\text{CAT} \begin{bmatrix} \text{SUBJ} \ <[2]\text{NP}> \\ \text{COMPS} \ < \ > \end{bmatrix} \right]$$

(66)의 타동사 mangiare가 (67)의 어휘 규칙이 적용되어서 mangiarsi가 된다. 이때 타동사의 목적어였던 명사구가 주어 자리에 나타나면서 주어였던 명사구는 없어진다.

(68)
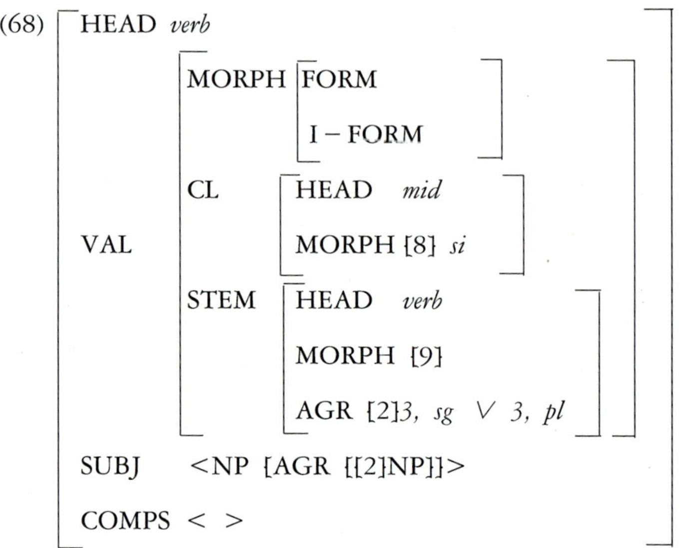

네 번째 유형: 3. 능격 접어 구문에서 주어와 술어의 일치.

(69) Lo specchio si rompe. (= 40)

the mirror si(CL) breaks

능격 접어 구문의 특징은 내재 재귀 접어처럼 주어인 명사구와
동사 사이에서만 일치 관계가 나타난다. 능격 구문은 항상 능격 접
어와 나타나는 것은 아니다. 그래서 이 연구에서는 접사처럼 분석
하고자 한다.

(70) 능격 동사 어휘 규칙

(69)의 타동사인 rompere가 어휘 규칙이 적용되어서 rompersi가
되는 경우이다. 이때 타동사의 목적어였던 명사구가 주어 자리에
나타나면서 주어였던 명사구는 없어진다.

(71)   HEAD *verb*

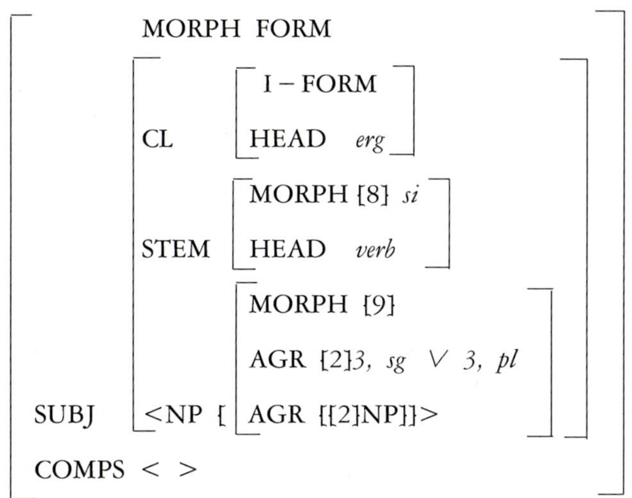

6. 결 론

핵어중심 구구조문법은 단층위(monostratal) 이론으로서 표면 구
조만을 기술 대상으로 삼고 있을 뿐만 아니라 음운, 통사, 의미, 화
용 등의 모든 정보를 나타낼 수 있는 정보 기반적인 통합 문법이
다. 이 연구에서는 이탈리아어에서 나타나는 다양한 종류의 접어
구문에서 나타나는 접어와 일치 관계를 다루었다. 이탈리아어는 다

른 로망스어와 같이 다양한 일치 현상을 보이는 언어로 문법에 따라서 여러 가지 설명 방법이 있을 수 있다. 이러한 방법 중에서 선택한 문법적 상치는 HPSG이다. 문법으로 HPSG를 선택한 이유는 이동을 전제로 하지 않고 접어와 일치 관계를 설명할 수 있기 때문이다.

4장에서 다룬 접어의 일치 현상은 일치와 관계된 접어만을 대상으로 다루면서, 그러한 접어들이 보이는 다양한 일치 현상을 특정한 이론이 도입되지 않은 상태에서 현상 중심으로 설명을 하였다. 그러면서 HPSG 이론으로 설명할 수 있는 토대를 마련했다. 5장에서는 4장에서 나타난 현상을 분석하기 위해서 간략하게 문법 이론에 대해서 언급했다. 이와 같은 이론적 배경을 바탕으로 6장에서는 4장에서 다룬 접어와 일치 현상을 네 가지 유형으로 분류하고 그 분류를 바탕으로 각각의 현상에 대해서 다루었다.

이 연구에서는 Kathol(1997)의 AGR이라 불리는 새로운 자질을 도입함으로써 복잡한 구조를 갖는 접어와 일치 관계를 설명할 수 있었다. 또한 이 연구에서는 단어 성질의 접어와 어미 성질의 접어를 구분해서 다루었다. 이는 기존의 HPSG에서 불어나 이탈리아어를 접사로만 다루었던 분석 방법과는 다르다. 단어 성질의 접어와 어미 성질의 접어를 구분 방법은 김운용(1999)을 따랐으며, 이탈리아어에 나타나는 다양한 접어가 동일한 문법적 지위를 갖지 않는다는 가정을 바탕으로, 이들의 차이점을 제시하고 분석하였다.

Ⅲ. 이탈리아어의 조동사의 분류와 형태 – 통사적 특징

김운용(2004a) "이탈리아어의 조동사의 분류와 형태–통사적 특징", 『언어와 언어학』, 한국외국어대학교.

Ⅲ. 이탈리아어의 조동사의 분류와 형태 - 통사적 특징

　　이탈리아어는 언어의 유형에서 굴절어에 포함된다. 예를 들면 명사나 형용사는 성 / 수, 동사는 인칭 / 수 / 시제 또는 법이 유표화되어 굴절 어미로 나타난다. 매우 흥미로운 것은 이탈리아어에서는 시제가 있는 동사에 나타나는 굴절 어미가 조동사에도 나타난다는 것이다. 영어의 굴절 체계는 동사와 명사에서 나타나는데, 명사에서는 단수 / 복수로, 동사에서는 시제 / 수(현재에서 3인칭 단수)로 나타나지만 조동사(auxiliary)는 어휘 동사(lexical verb)가 갖는 굴절 어미를 가지고 있지 않다.[1] 일반적으로 조동사는 다른 동사의 시제, 법, 태 등을 형성하는 역할을 한다고 정의한다. 이러한 정의는 조동사가 동사의 하위 범주에 속한다고 유추할 수 있는데, 변형생

___

1) 대부분의 영어 조동사가 인칭과 수에 따른 굴절 어미(*musts, *musted 등)를 갖지 않지만 BE(현재 am / are / is, 과거 was / were, 과거 분사been), HAVE(현재 have / has, 과거 또는 과거 분사 had), DO(현재 do / does, 과거 did, 과거 분사 done), 그리고 서법 동사(현재 will, shall, may, 과거 would, should, might)는 굴절 어미를 갖는다.

성문법의 발전 과정을 보면 동사의 하위 범주가 아니라 독립적인 단위로 간주하려는 시도가 있었다(S → NP AUX VP 또는 S → NP M VP 등). 독립적인 단위로 인정하려 했던 것은 조동사가 갖는 운용자(operator)의 기능 때문이다. 그러나 Rizzi(1982: 41 각주 5)는 서법 동사를 본동사의 하위 범주로 구분하면서 이탈리아어 또는 로망스어계 언어에서 V로부터 구분되는 어휘 범주 M을 가정할 이유가 없다고 주장하고 있다. 또한 Emonds(1978: 151)는 영어에서 부가 의문문, 동사구 탈락, 주어와 수 일치, 부정어 not의 위치, 주어와 조동사의 도치 등이 M과 V가 다른 범주라는 것을 구분하나 불어에는 적용되지 않는다고 지적하고 있다.[2] 이들의 주장을 받아들여서 이탈리아어의 조동사를 어휘 동사 또는 본동사(main verb)로 다루겠다. 이 연구에서는 어휘 동사가 조동사성을 가질 때는 동사를 보충어로 취할 수 있고, 조동사성을 가지지 않을 때는 본동사로 사용된다고 가정한다. 조동사를 어휘 동사로 다루는 이유는 다음과 같다. 첫째, 모든 조동사가 어형(word form)으로 굴절 어미를 갖기 때문이다. 둘째, 모든 조동사는 본동사로 사용될 수 있기 때문이다. 셋째, 모든 조동사는 명사화될 수 있기 때문이다.

이 연구에서는 제약 기반 문법(Constraint - based Grammar)인 HPSG(Head - driven Phrase Structure Grammar)를 사용해서 어휘 정보를 세분하고 제약을 두어 이탈리아어의 조동사의 특징을 밝히고자 한다. 조동사와 본동사의 차이를 동사가 의미적으로 조동사성을 갖고, 보충어로 동사를 갖는 경우에는 조동사이고, 그리고 조동사성

---

2) 조동사를 통사론에서 독립적인 층위나 구조로 취급하려는 경향과는 달리 Langendoen(1969), Ross(1969)는 조동사를 본동사의 하위 분야로 다루었다.

이 없고, 동사가 아닌 다른 보충어를 취할 때 본동사로 다루겠다.

1. 조동사의 정의 및 종류

조동사는 학자에 따라서 또는 이론에 따라서 범위가 달라지는 경향이 있다. 그래서 이탈리아어에서 조동사의 범위를 정하기 위해서 조동사의 정의와 조동사의 종류를 보기로 하겠다.

조동사의 정의

Beccaria(1994: 107)는 다른 동사와 동사구를 형성할 수 있는 동사의 하위 범주이며, 의미적인 측면에서나 형식적인 측면에서 돕는 기능을 가지고 있는 동사라고 기술하고, Moretti(1992: 205)는 의미를 정확히 하기 위해서 다양한 방법으로 다른 동사를 돕는 기능을 가지고 있다고 기술하고 있다.

그리고 Brown & Miller(1996: 390)는 상, 법, 시제 따위를 구분하기 위해서 어휘 동사와 연결되어 사용되는 비어휘 동사(non-lexical verb)라고 기술하고 있으며, Asher(1994: v.1, 284)는 동사와 형태와 분포의 유사성을 가지고 있으며, 본동사와 나타나며 동사가 생략된 환경을 제외하고는 독립적으로 나타나지 않는다고 기술하고 있다.

이들의 정의를 요약하면 조동사는 동사의 하위 범주이며, 동사와 함께 동사구를 형성하며, 의미를 명확히 하도록 다른 동사를 돕는 동사이며, 어휘 동사와 결합하여 상, 법, 태 등을 구분하기 위하여 사용되는 비어휘 동사이다. 또한 형태나 분포에서 동사와 유사하며, 본동사와 같이 나디나지만 독립적으로 나타날 수 없다고 언급하고 있다. 그러나 위와 같은 정의는 이탈리아어의 조동사의 특징을 다 설명해 주지 못하고 있다. 왜냐하면 어휘 동사가 명사, 형용사, 부사 등을 보충어로 취한다면 조동사는 시제, 상, 태, 법, 서법성의 문법 자질을 가지면서, 통사적으로 동사를 보충어로 취하기 때문이다. 그리고 이탈리아어 조동사는 통사적으로 동사를 보충어로 취하지만, 조동사와 본동사를 구분하는 테스트인 NICE(negation, inversion, contraction, ellipsis)3)를 사용해서 조동사와 본동사를 가려 낼 수 없기 때문이다. 조동사와 본동사의 명확한 경계가 없다면 비어휘 동사라고 단정 지을 수 없기 때문이다.

조동사의 종류 및 범위

일반적으로 조동사를 서법 조동사(modal auxiliary), 시상 조동사(aspectual auxiliary), 수동 조동사(passive auxiliary), 진행 조동사(progressive auxiliary), 허 조동사(*dummy* auxiliary) 등으로 구분하고 있다.

(1) 영어의 조동사

a. 서법 조동사: *can, could, may, might, shall, should, will / 'll, would / 'd, must*

---

3) 위의 NICE는 조동사를 본동사와 구분해 주는 테스트로 Sag & Wasow(1999), Kim(2002)의 용어이다. Huddleston(1976)은 NICE를 negation, inversion, code, emphatic affirmation라고 칭하고 있다.

b. 시상 조동사: *have, be*

c. 수동 조동사: *be*

d. 진행 조동사: *be*

e. 허 조동사: *do*

(2) 이탈리아어의 조동사 Ⅰ

    a. 서법 조동사: *potere* '~할 수 있다', *dovere* '~해야만 하다', *volere* '원하다' 등[4)

    b. 시상 조동사: *avere* '가지다', *essere* '~이다'

    c. 수동 조동사: *essere, venire* '오다', *andare* '가다'[5)

    d. 진행 조동사: *stare* '있다', *venire, andare*

서법 조동사는 통사적으로 동사의 원형을 보충어로 취하지만, 의미적으로 본동사에 의해 표시되는 행위 / 상태에 대한 화자의 태도, 즉 가능성, 능력, 허가, 의무, 습관적 행동, 타당성, 추측, 소망, 의지 등을 나타낸다. 시상 조동사는 우언적 형태(periphrastic form)로 영어에서 현재 완료, 이탈리아어에서 근과거와 같은 복합 시제를 나타내는 데 사용된다. 서법 조동사는 문장에서 화자의 심적 태도를 나타내지만 시상 조동사는 복합 시제를 만드는 데 사용된다. 동사의 원의미인 avere '가지다', essere '존재하다'가 의미에 전혀 투

---

4) sapere 동사가 '할 줄 알다'는 의미로 사용될 때 서법 조동사에 포함시킬 수 있다.

5) Moretti(1992) Regula(1965) 등은 venire와 andare를 수동태 구문을 이끄는 조동사로 다루었다. 이들이 수동태 구문을 이끌지만 문법적인 지위는 차이가 있다. 일반적으로 수동태의 조동사는 상태를 나타내나 venire는 점진적인 상을 나타내고, andare는 의무나 필요성을 나타내는 구문을 이끈다.

영되지 못한다. 수동 조동사 역시 우언적 형태로 수동 분사와 결합해 수동태를 만드는 데 사용된다. 본동사의 의미가 수동적인 의미가 되노록 한다. 진행 조동사 또한 우언적 형태로 본동사가 진행상을 갖게 한다. 허 조동사는 의미가 없는 단어로 운용자의 기능을 하지만 이탈리아어에는 존재하지 않는다. 서법 조동사만 본동사에 의해 표시되는 행위 / 상태에 대한 화자의 태도를 나타낸다.

(1)에서처럼 조동사를 서법 조동사, 시상 조동사, 수동 조동사, 진행 조동사, 허 조동사 등으로 구분하는 방법과 달리 Quirk 외 (1985)는 중심 서법 동사(central modals), 주변적 서법 동사(marginal modals), 서법적 관용구(modal idioms), 준조동사(semi − auxiliaries), 연쇄사(concatenatives), [본동사 + 부정형절](main verb + nonfinite clause)로 구분하였다.

(3)

a. 중심 서법 동사: *can, could, may, might, shall, should, will / 'll, would / 'd, must*

b. 주변적 서법 동사: 중심 서법 동사와 유사한 서법 동사로 조동사 테스트에 부분적으로 통과하지 않는다. *dare, need, ought to, used to*

c. 서법적 관용구: 주변적 서법 동사와 같지만 운용자의 기능이 없다. *had better, would rather / sooner*, BE *to*, HAVE *got to*

d. 준조동사: 조동사 have, be 동사 중 하나가 사용되면서 양태 또는 상의 의미를 표현하는 동사의 집합이다. HAVE *to*, BE *about to*, BE *able to*, BE *bound to*, BE *going to*, BE *obliged to*, BE *supposed to*, BE *willing to*

e. 연쇄사: 준조동사보다는 본동사에 가깝고, 상 또는 양태에 관계된 의미를 가진다. APPEAR *to*, HAPPEN *to*, SEEM *to*, GET + −*ed* participle, KEEP + −*ing* participle

f. 본동사＋부정형절: HOPE +*to* − infinitive, BEGIN + −*ing* participle

위의 구분은 그들이 테스트를 통해서 유형을 구분한 것으로 되어 있으나 구분 방법이 명확하지는 않다. 그러나 중요한 것은 조동사가 하나의 문법적 지위를 갖는 것이 아니라, 조동사가 세분되어야 하고, 각각의 그룹은 상이한 문법적 지위를 갖는다는 데 있다. 다시 말하면 어휘 동사의 속성을 가장 많이 보이는 '본동사＋부정형절'과 조동사의 속성을 가장 많이 보이는 '중심 서법 동사' 사이에 중간 단계의 조동사가 있다는 것이다. 그리고 위의 유형 구분을 보면 적어도 양태, 상 그리고 운용자의 기능 중에서 하나 이상을 가지고 있다. 다음은 이탈리아어의 조동사 유형을 보기로 하자.

이탈리아어에서도 (2)의 구분과 달리 더 복잡한 체계로 구분하려는 시도가 있었다. Schiannini(1982)는 조동사를 시상 조동사와 서법 동사로 구분하고 있으며, Bonati(1980)은 다른 동사와 같이 동사의 하위 범주로 구분하고, 상과 관련된 관용적 동사와 서법 기능을 가진 동사를 구분하지 않고 관용적 동사로 통합해서 다루었다. 또한 Regula(1965)도 동사의 하위 범주로 조동사를 구분했으나, 그 구분이 시상 조동사와 수동 동사에 그친다. Moretti(1992)는 조동사를 많은 예문과 함께 세분화시켜 구분하고 있다. 그리고 관용적 동사 또는 서법 기능을 가진 동사들을 구분하여 각각 다루었다. Moretti(1992)와 Sensini(1988)는 보조 기능으로 사용되는 동사를 세분해서 기술하고 있다. 보조 기능으로 사용되는 동사를 보조 동사(verbi d'appoggio)로 칭하고, 하위 분류로 조동사(verbi ausiliari),[6] 서법 동사(verbi servili / modali), 상조 동사(verbi aspettuali), 사역 동사(verbi causativi),[7] 관용적 동사(verbi fraseologici)로 구분하고 있다.

넓은 의미의 조동사는 보조 동사를 칭하고, 좁은 의미의 조동사는 시제와 관련된 시상 조동사 avere / 수동 조동사 essere를 칭하고 있다. 이 연구에서 조동사라는 용어는 넓은 의미의 조동사를 칭하고 있다. (2)와 (3)의 두드러진 차이는 동사의 상과 관련된 상조 동사, 사역 구문과 관련된 사역 동사, 그리고 관용적 동사가 넓은 의미의 조동사에 포함된다는 것이다. (3)의 구분에서는 사역 동사가 조동사에 포함되지 않았지만 이탈리아어의 보조 동사에는 사역 동사가 포함되어 있다는 것이 큰 차이점 중에 하나이다. Moretti(1992)와 Sensini(1988)가 명확히 밝힌 바는 없지만 동사를 보충어로 받을 수 있는 동사를 보조 동사에 포함시킨 것으로 짐작할 수 있다. 보충어를 동사로 요구하는 동사를 보조 동사에 포함시켰다면 사역 동사를 보조 동사에 포함시키면서 지각 동사를 보조 동사로 포함시키지 않는 것이 이상하다. (3)의 구분을 보면 양태, 상, 또는 운용

---

6) 여기에서 조동사는 시상 조동사(avere, essere) 또는 수동 조동사(essere, venire, andare) 등을 포함하는 포괄적인 의미이다.

7) 사역 동사 다음에 본동사가 원형으로 나타나는 것은 다른 조동사 구문과 같지만 이 연구에서는 조동사 논의에서 제외한다. 왜냐하면 상위문의 주동사의 기능을 하기 때문이다. 한국어에서도 '게 하다'의 '하다'를 보조 동사로 보는 데 무리가 있다는 주장이 있다. 손세모돌(1992) 참조.

자의 기능을 가진 동사를 조동사로 구분하였다. 이러한 관점에서 사역 동사나 지각 동사는 조동사의 자질을 가지고 있다고 보기 곤란하다.[8] 그래서 이 연구에서는 제외시키기로 하겠다. 이 연구에서 다루고자 하는 이탈리아어의 조동사는 아래와 같다.

(4) 이탈리아어의 조동사 Ⅱ

 a. 서법 조동사: *potere, dovere, volere*

 b. 시상 조동사: *avere, essere*[9]

 c. 수동 조동사: *essere, venire, andare*

 d. 진행 조동사: *stare, venire*

 e. 준조동사: *essere per* '막 ～하려 하다', *stare per* '막 ～하려 하다', *essere sul punto di* '막 ～하려던 순간이다', *andare avanti a* '계속하다' 등.

 f. 연쇄사: *cominciare a* '시작하다', *provare a* '시도하다', *continuare a* '지속하다', *finire di* '마치다' 등.

(4f)는 Moretti(1992)에 따르면 상조 동사에 해당하나 (3e)와 차이점이 없기 때문에 일관성을 유지하기 위해서 연쇄사라는 용어를 사용하기로 하겠다. 그리고 (4e), 역시 그의 주장에 따르면 관용적 동사이나 조동사가 사용되면서 양태 또는 상의 의미를 표현하기 때문에 준조동사라는 용어를 사용하기로 하겠다.

---

8) Manning(1987)은 동사가 나란히 둘 이상 나올 때 앞에 있는 동사를 경동사 / 보조 동사(light verb)로 보고 마지막 동사를 주동사 / 중동사(heavy verb)로 다루었다.

9) 시제와 관련된 상조 동사와 일반 상조 동사를 구분하기 위해서 시제와 관련된 상조 동사를 시상 조동사라 칭하기로 하겠다.

3. 이탈리아어의 조동사의 특징

3.1. 일반적인 특징

여기에서 일반적인 특징은 조동사로서 기능을 보는 것이 아니라 조동사가 갖는 다른 기능에 초점을 맞춰서 하겠다. 이탈리아어의 모든 조동사는 조동사의 기능 이외에 어휘 동사로서의 기능과 명사적 기능을 가지고 있다.

어휘 동사로서의 기능

다른 로망스어계의 언어처럼 이탈리아어의 조동사는 어휘 동사로 사용될 수 있다. 원래 어휘 동사였던 것이 라틴어에서 이탈리아어로 오면서, 그리고 이탈리아어의 발달과 함께 본동사가 가지고 있던 기능에 조동사의 기능이 더해졌다.

(5)

a. Dio è.

God exists   → 신은 존재한다.

b. Da dove *vieni*?

from where (you) come?   → 어디에서 왔니?

c. Come *va*?

How goes?   → 어떻게 되어 가니?

d. Come *stai*?

How (you) are?   → 어떻게 지내니?

(6)

a. Ti *devo* diecimila lire.

you I – must ten thousands lire.

→ 나는 네게 만 리라 갚아야 한다.

b. *Vorrei* un caffè.

I – want a coffee.   → 나는 커피 한 잔 마시고 싶다.'

c. Una persona che *può* molto.

A person who can – do much   → 많은 것을 할 수 있는 사람.

d. *Sa* geografia.

He / She – knows geography.   → 그 / 그녀는 지리를 안다.

(5)는 보충어 없이 사용되는 예이고, (6)은 보충어로 명사구를 가지는 경우이다. 위의 예에서 알 수 있는 것은 어휘 동사로서 사용 가능하다는 것이다.

명사적 기능

이탈리아어에서 동사는 명사화될 수 있다. 명사화된 요소 앞에 관사가 사용되었으나 오늘날에는 점차 관사가 사용되지 않고 있다.

(7)

a. *Fumare* troppo non fa bene alla salute.

smoke much non is well to the health

➤ 지나치게 흡연하는 것은 건강에 좋지 않다.

b. *Fidarsi* è bene, *non fidarsi* è meglio.

believe is well, not believe is better

➤ 믿는 것은 좋지만 믿지 않은 것은 더 좋다.

c. *Il tacere* è *rispondere*.

shut is response   ➤ 입을 닫는 것은 대답하는 것이다.

위에서 일반 동사가 명사화될 수 있는 것처럼 이탈리아어의 조동사는 명사화될 수 있다. 먼저 서법 조동사를 보자.

(8)

a. Il tuo *dovere* è quello di aiutatare i genitori.

the your duty is the thing which to help the parents

➤ 너의 의무는 부모님을 돕는 것이다.

b. Sia fatto il *volere* di Dio.

be done the desire of God   ➤ 신의 뜻대로 이루어지소서!

c. Purtroppo non ha alcun *potere* di aiutarmi.

unfortunately not (he / she) has any power to help－me.

➤ 불행하게도 그 / 그녀는 나를 도울 어떤 힘도 없다.

d. Il *sapere* non ha limiti.

the knowledge not has limits ➔ 지식은 한계가 없다.

다음은 시상 조동사를 보자. 시상 조동사로 사용되는 avere/essere 가 명사로 사용되는 경우이다.

(9)

a. I miei *averi* ammontano a mille lire.

the my possession comes to 1000 lire.

　➔ 나의 소유가 1000리라에 달한다.

b. L'uomo è un *essere* vivente.

the man is a be living　　➔ 인간은 살아 있는 존재이다.

(10)

a. *L'aver mangiato* troppo lo fece ammalare. Radford(1977: 64)

the have eaten much him made ill

　➔ 지나치게 먹은 것이 그를 아프게 만들었다.

b. *Il non poter farlo* mi irritò.

the non can do－it me angry

　➔ 그것을 할 수 없다는 것이 나를 화나게 했다.

위에서 언급한 조동사의 특징은 일반 동사가 갖는 특징과 같은 것이다. 이를 통해서 우리는 이탈리아어의 조동사가 영어의 조동사 와는 차이가 있다는 것을 알 수가 있다. 아래는 어휘 정보를 나타 낸 것이다.

(11)

a.
$$\begin{bmatrix} \text{HEAD} & \begin{bmatrix} \text{verb} \\ - \text{ AUX} \end{bmatrix} \\ \text{SUBJ} & <\text{NP}> \end{bmatrix}$$

b.
$$\begin{bmatrix} \text{HEAD} & \begin{bmatrix} \text{verb} \\ + \text{ AUX} \end{bmatrix} \\ \text{SUBJ} & <[1]\text{NP}> \\ \text{COMPS} & <\text{VP}[\text{SUBJ}<[1]>]> \end{bmatrix}$$

c. [HEAD noun]

(11a)는 어휘 동사로, (11b)는 조동사로 그리고 (11c)는 명사로 나타나는 경우이다. 이탈리아어의 조동사는 (11)처럼 조동사, 어휘 동사, 명사의 어휘 정보를 가지고 있다. 어휘 동사와 조동사의 큰 차이점은 조동사성을 가지느냐 갖지 않느냐이다. 그리고 조동사의 어휘 정보는 보충어로 취하는 동사의 주어가 조동사의 주어와 같은 값을 갖는다. 다음은 (4)에서 구분한 조동사의 유형에 대해서 하나하나 점검해 보기로 하자.

3.2. 서법 조동사

서법이란 화자가 문장의 내용에 대해서 가지는 정신적 태도이다. Cecilia Andorno(1999: 114)는 이탈리아어의 서법을 진리 서법(alethic modality), 인식적 서법(epistemic modality), 당위적 서법(deontic modality), 명제적 서법(anankastic modality / propositional modality), 행위적 서법(dinamic modality)으로 구분한다.[10)]

진리 서법은 화자 자신이 언급하는 명제에 대해서 주어가 갖는 가능성과 필연성을 드러내는 서법이다.

(12)

a. Uno più uno non *può* fare tre.

one plus one not can make three   '1＋1이 3일 수 없다.'

b. Un corpo *può* avere velocità nulla.

a body can have velocity nothing

→ 신체는 속도를 가지고 있지 않을 수 있다.

서법 동사가 (12a)에서는 필연성을 나타내고, (12b)에서는 가능성을 나타낸다.

인식적 서법은 화자 자신이 아닌 대상에 대한 화자의 인식을 드러내는 서법이다.

(13)

Il treno *dev'*essere in ritardo.

the train may be on late   → 기차가 늦을 것 같다.

---

10) 이탈리아어에서 나타나는 서법의 종류에 대해서 학자들 사이에 일치하지 않을 수 있다. 여기에서는 종류의 개수에 대해서는 관심이 없다. 왜냐하면 이와 같은 분류가 의미적인 차원에서 이루어지는 것이고, 이탈리아어를 모국어로 사용하는 화자들 사이에 직관이 다를 수 있기 때문이다.

(13)에서 서법 동사는 불확실성을 나타내고 있다. 아래 (14a)처럼 의무를 나타내는 당위적 서법이 아니라 인식적 서법이다. 영어에서 must / may가 이탈리아어에서는 dovere 동사로 표현되고 있다.

당위적 서법은 금지, 강요, 허락과 같은 화자의 태도를 나타내는 서법이다.

(14)

a. Si *deve* usare la cuffia in piscina.

   one(CL) must use the bathing − cap in pool

   ➤ 수영장에서 사람들은 수영모를 착용해야 한다.

b. Si *può* usare la cuffia in piscina.

   one(CL) can use the bathing − cap in pool

   ➤ 수영장에서 사람들은 수영모를 착용할 수도 있다.

(14a)는 의무를 나타내는 당위적 서법의 기능으로, (14b)는 허가를 나타내는 당위적 서법으로 사용되었다.

명제적 서법은 명제에 대한 화자의 태도를 나타내는 서법이다.

(15) I candidati *devono* aver superato i trent'anni di servizio.

   the candidates must have surpass the 30 years of service

   ➤ 응시자는 30년의 경력을 넘어야 한다.

행위적 서법은 화자의 바람, 의도, 능력 따위를 드러내는 서법으로 사건적 서법(event modality)이라고 불리며, 청자와 밀접한 관계를 갖는다.

(16) Mario *può* nuotare per ore senza stancarsi.

Mario can swim for hours without getting tired

→ 마리오는 여러 시간 동안 지치지 않고 수영할 수 있다.

서법 조동사로 사용되는 어휘가 명사화되었을 때 그 어휘의 전형적인(prototypical) 의미가 명사의 의미로 사용되는 것으로 보인다.

(17)

a. Il tuo *dovere* è quello di aiutare i genitori. (=8a)

b. Si è sposata contro il *volere* dei suoi genitori.

she — got married against the wish of the her parents

→ 그녀는 그녀의 부모님의 뜻에 반하여 결혼했다.

c. Il *sapere* umano si è evoluto nel corso dei secoli.

the knowledge human oneself is developed in the course of centuries

→ 인간의 지식은 수세기 동안에 진보되었다.

(17a)에서 dovere는 '해야만 하다'에서 '의무'라는 명사의 의미가 파생되고, volere는 '원하다'에서 '원함 / 뜻'이라는 의미가 파생된다. 그러나 sapere는 본동사로 사용될 때는 '원하다'이고, 서법 동사로

사용될 때는 '할 줄 알다'는 의미이나 명사화되었을 때 '할 줄 앎'의 의미를 갖는 명사가 된 것이 아니라 본동사의 의미에서 명사화가 된 것으로 보인다. 다른 시법 동사는 명사화되었을 때 다의어의 속성을 갖는 일반 명사에 비해서 단순한 의미 구조를 가진다. 그러나 (18)의 예에서 알 수 있듯이 '할 수 있다'는 의미의 서법 동사는 다의어의 속성을 갖는다.

(18)

a. Purtroppo non ha alcun *potere* di aiutarmi. (=8c)구체적인 가능성, 능력

b. Ormai il nemico era in nostro *potere*. 소유, 힘

by now the enemy was in our power

→ 이제 적은 우리의 힘 안에 있다.

c. E' salito ai massimi gradi del *potere* politico. 권위, 지휘권

he / she – is gone up at the maximum grades of the power politic

→ 그는 정치권의 최고 등급에까지 올랐다.

potere 동사는 (18a)에서는 '구체적인 가능성 / 능력', (18b)에서는 '소유 / 힘' 그리고 (18c)에서는 '권위 / 지휘권'의 의미를 각각 갖는다.

서법 조동사의 특징

서법 조동사는 어휘 동사가 바로 오른편에 보충어로 나타나는

것이 특징이다.

(19)

a. Posso entrare?

   I — can enter?   ➤ 들어가도 돼요?

b. Devi compotarti meglio.

   You — must behave — yourself better

   ➤ 너는 처신을 더 잘해야 한다.

c. Voglio cambiare vita.

   I — want change life   ➤ 나는 인생을 바꾸고 싶다.

일반적으로 이탈리아어에서 접어가 나타났을 때 접어가 위치하는 곳은 시제가 없는 동사 오른편에 붙어서 나타나거나 시제가 있는 동사 왼편에 나타난다.

(20)

a. Voglio cambiarla.

   I — want change — it   ➤ 나는 그것을 바꾸고 싶다.

b. La voglio cambiare.

   it I — want change   ➤ 나는 그것을 바꾸고 싶다.

c. *Voglio la cambiare.

(20c)처럼 접어가 서법 조동사와 본동사 사이에 나타날 수는 없

다. 이 연구에서는 접어의 위치가 구성 성분(constituent)을 이루는
지 아닌지를 판단하는 중요한 요소로 보고 있다. (20a)나 (20b)처럼
접어가 나타나는 것은 서법 조동시와 본동사가 구성 성분을 이루
기 때문이다. (20c)가 불가능한 것은 구성 성분을 이루는 요소 사이
에 어떤 요소도 삽입할 수 없기 때문이다.

(21)

$$
\begin{bmatrix}
\text{HEAD} & \begin{bmatrix} \text{verb} \\ + \ \text{AUX, fin/psp} \end{bmatrix} \\
\text{SUBJ} & <\{1\}\text{NP}> \\
\text{COMPS} & <\text{VP[bse, SUBJ}<\{1\}>]>
\end{bmatrix}
$$

서버 조동사에 관한 간단한 어휘 정보로 (22a)의 예가 왜 비문인
지 간단하게 설명된다. 서법 조동사가 핵이 동사이고, 조동사성을
가지며, 한정사나 과거 분사로 나타나며, 하위 범주의 정보로 원형
동사구를 원하기 때문에 비문이 된다.[11]

(22)

a. *La devo VP[bse] {cambio}

b. Devo VP[bse] {studiare l'italiano}

   I − must study Italian → 나는 이탈리아어를 공부해야 한다.

---

11) bse는 base를 약호로 사용한 것이다. 그리고 psp는 과거 분사(past participle)의 약호이
다. psp 약호를 사용한 것은 영어에서 서법 조동사는 과거 분사가 없기 때문이다.

c. Ho dovuto ꟳ[bse] [studiare l'italiano]

I − have must_psp study Italian

  → 나는 이탈리아어를 공부해야만 했다.

(22b)와 (22c)는 하위 범주의 정보를 충족시켜서 정문이 된다. 또한 어휘 목록이 동사구의 주어가 서법 동사의 주어와 같은 값([1])을 갖는다는 명세해 주고 있다.

3.3. 시상 조동사

시상 조동사는 본동사와 결합해서 상을 나타내는 동사이다. 이때 시상 조동사가 가지고 있는 의미는 투영되지 못하고 상을 만드는 역할만 한다.

(23)

a. *Ho* perso il cappello.

  I − have lost the cap → 나는 모자를 잃어버렸다.

b. Ho il cappello perso.

  I − have the cap lost

  → 나는 잃어버렸던 모자를 가지고 있다.

(23a)는 조동사 avere에 본동사 perdcre '잃다'의 과거 분사 perso가 결합해서 완료상을 나타내는 구문이다. 그러나 (23b)는 명사구

인 il cappello '모자'가 조동사와 본동사 사이에 삽입한 것처럼 보일 수 있으나 현재 시제로 완료상이 되지 못한다.

Rohlfs(1969: 331)에 의하면 중세 때에 (24)처럼 본동사가 전치되어 사용되었다고 밝히고 있다.

(24)

a. Trovati non li *abbiamo*.

found not them we — have

→ 우리는 그들을 발견하지 못했다.

b. Arrivata non è.

arrived not she — is   → 그녀는 도착하지 않았다.

현대 이탈리아어에서는 과거 분사가 동사구에서 빠져나가면 비문이 된다. 그러나 (24)와 같은 도치가 전혀 불가능한 것은 아니다.

(25) ausiliare anteposto

a. Arrivati che *furono*, si misero a tavola.

arrived that they — were, they — placed themselves at table

'그들이 도착하자, 그들은 식탁에 앉았다.'

b. Partiti che *saranno* quei tuoi amici, resterai solo solo.

gone away that will — be those your friends, you — will — remain

single single

→ 너의 저 친구들이 떠나면 넌 단지 혼자 될 것이다.

이는 분열문(cleft sentence)의 일종으로 간주할 수 있다.[12] 의미를 강조하기 위해서 분열문 구조로 사용하는 경우를 제외하고는 과거 분사가 동사구에서 빠져나갈 수는 없다.

완료상 조동사로 사용되는 동사는 '가지다' 의미의 avere와 '이다' 의미의 essere이다. 이들은 본동사와 우언적 형태로 복합 시제를 형성한다. 그러나 이들이 가지는 본래 의미는 복합 시제에 투영되지 못한다.

(26)

a. *Ho* mangiato troppo.

(I) have eaten much   → 나는 지나치게 먹었다.

b. A quest'ora *saranno* arrivati.

at this time (they) will − be arrived

→ 이 시간에 그들이 도착할 것이다.

3.3.1 avere

어휘소(lexeme) avere는 다른 조동사처럼 본동사, 명사로서 사용되고 있다. 본동사로 avere가 사용될 때는 '소유하다 / 가지다'라는 의미로 사용된다.

---

(27) Laura *ha* un bel cane.

Laura has a beautiful dog

→ 라우라는 예쁜 개를 가지고 있다.

명사로서 avere가 사용될 때는 '재산 / 유산' 등의 의미를 가진다.

(28)

a. I miei *averi* ammontano a mille lire. (= 9a)

b. Ha consumato tutti i suoi *averi*.

He – has used up all the his property

→ 그는 전 재산을 썼다.

시상 조동사로서 avere는 복합 시제에서 타동사 또는 간접 타동
사와 결합한다. 간접 타동사는 내재적으로 목적어를 가지는 동사이
나 수의적으로 명사구로 나타나기도 한다.

(29)

a. *Ho* pagato il conto.

I – have payed the count　　　→ 내가 계산을 했다.

b. *Ho* sognato un incubo.

I – have dreamed a nightmare　→ 내가 악몽을 꾸었다.

c. *Ho* sognato.

I – have dreamed.

(29a)는 pagare '지불하다'가 타동사로 사용되는 예이고, (29a, b)
의 sognare '꿈꾸다'는 간접 타동사로 사용되는 예이다.

3.3.2. essere

어휘소 essere는 본동사로서 '존재하다' 또는 계사로서 '이다'의
의미로 사용된다.

(30)

a. Dio è. (＝5a)

b. La rosa è un fiore.

   the rose is a flower　→ 장미는 꽃이다.

명사로서 essere는 '존재 / 개체'를 나타낸다. 이는 어휘소 essere가
본동사의 여러 어의(sense) 중에서 '존재하다'를 명사화시킨 것으로
보인다.

(31)

a. L'uomo è un *essere* vivente. (＝9b)

b. Non si tratta così un *essere* umano.

   not oneself treat such a being human

   → 그는 인간처럼 대접받지 않는다.

주어 안에서 이루어지는 행동이나 주어가 겪는 행동을 표현하는 동사

(morire, nascere, impazzire, ingrassare, invecchiare, crescere), 절대 이동 동사(andare, venire, arrivare, giungere, pervenire, partire, entrare, uscire, scappare, tornare, ritornare),[13] 사건 발생 동사(accadere, succedere, capitare, toccare), 상태 동사(stare, restare, rimanere, permanere) 등은 복합 시제에서 시상 조동사 essere를 택한다.

(32)

a. Poco fa Paolo è *andato* a vedere un film.

   little ago Paolo is gone to see a film

   → 조금 전에 빠올로는 영화를 보러 갔다.

b. E' *successo* un grosso incidente vicino a casa mia.

   is succeeded a grand incident near to a house my

   → 내 집 근처에서 큰 사고가 발생했다.

c. Siamo *rimasti* a casa ieri.

   (We) are remained at home yesterday

   → 어제 우리는 집에 남아 있었다.

essere 동사는 시상 조동사 이외에 수동 조동사로서도 사용된다.

(33)

a. Quella casa è stata costruita in sei mesi.

   that house is been constructed in 6 months

---

13) Rizzi(1982)의 용어로 순수 동작 동사(pure motion verb)이다. 절대 이동 동사는 Moretti(1992)의 용어로 다른 이동 동사와 구분하기 위해서이다.

b. *Sono* stati visiti.

They – were been visited　　　

시상 조동사의 특징

복합 시제에서 시상 조동사 avere / essere는 본동사에 의해서 결정된다. 다른 조동사들은 조동사가 보충어를 취하지만, 시상 조동사는 결합되는 과거 분사 형태의 본동사에 의해서 결정된다. 앞에서 언급한 것처럼 타동사는 시상 조동사 avere를 선택하고, 절대 이동 동사는 시상 조동사 essere를 선택한다.

(34)

a. Piero ha / *è mangiato con noi.

Piero has / *is eaten with us　　　

b. Piero ha / *è voluto questo libro.

Piero has / *is wanted this book　　

c. Piero *ha / è venuto con noi.

Piero *has / is come with us　　　

(34a)에서 mangiare '먹다'는 타동사이기 때문에 시상 조동사 avere를 취했을 때는 정문이지만 시상 조동사 essere를 선택했을 때는 비문이 된다. (34b) 역시 volere '원하다'가 어휘 동사로 사용되었을 때 타동사이므로 avere를 취했을 때는 정문이지만 essere를 선

택했을 때는 비문이 된다. 그리고 (34c)의 venire '오다'와 같은 절
대 이동 동사는 시상 조동사 essere를 요구하므로 avere일 때는 비
문이 된다.

그러나 서법 조동사가 시상 조동사와 본동사 사이에 나타났을
때는 다른 결과를 낳는다.

(35)

a. Piero ha / *è voluto mangiare con noi.

Piero has / *is wanted to eat with us

➙ Piero는 우리와 함께 먹기를 원했다.

b. Piero ha / è voluto venire con noi.

Piero has / is wanted to come with us

➙ Piero는 우리와 함께 오기를 원했다.

(35b)에서 venire가 절대 이동 동사이기 때문에 시상 조동사 essere
를 요구하고 avere를 택했을 때는 비문이 될 거라 예상하겠지만 정
문이다. 앞에서 이탈리아어의 모든 조동사는 어휘 동사로 사용할 수
있다는 점을 기억한다면 (35b)에서 서법 조동사가 어휘 동사, 즉 타
동사로 사용되어 시상 조동사가 avere도 가능한 것이 아닌지 조심스
럽게 타진해 볼 수 있다.

(36)

a. Ho / *Sono dovuto **PARTIRE**.

I – have / *am must$_{psp}$ leave   ➙ 나는 떠나야만 했다.

b. Non hai / *sei voluto **VENIRE**.

not you − have / *are wanted come

➙ 너는 오기를 원하지 않았다.

(36)의 문장은 굵은 체로 된 부분에 초점을 두어 발화를 한 경우인데 (36b)와는 또 다른 결과를 낳는다. (36b)가 avere를 취하든 essere를 취하든 정문인 것처럼 (36a, b) 문장이 essere도 취할 것이라 예상하겠지만 essere와는 사용할 수 없다. 최근에 최소주의 이론(minimalist theory)에서처럼 FocP가 있으면 시상 조동사 avere를 취한다고 새로운 가정을 할 수도 있을 것이다.

(37)

a. Perché non sei venuto ieri?

why not you − are come yesterday?

➙ 왜 어제 오지 않았니?

b. Non ho potuto.

not I − have can$_{psp}$ ➙ 나는 할 / 올 수가 없었다.

c. Non sono potuto venire.

not I − am can$_{psp}$ come   ➙ 나는 올 수가 없었다.

(38)

a. L'ho invitato a venire con noi, ma non ha voluto.

him(CL) I − have invited to come with us, but not he − has wanted

b. L'ho invitato a venire con noi, ma non è voluto venire.

him(CL) I – have invited to come with us, but not he – is

wanted come

→ 우리랑 함께 가자고 내가 그를 초대했지만, 그는 가기를 원하지 않았다.

(37b)와 (38a)는 본동사 venire '오다 / 가다'가 생략된 구문이고, (37c)와 (38b)는 본동사가 생략되지 않은 구문이다. (37b)와 (38a)의 구문은 더군다나 초점 구문도 아니다. 이것을 최소주의 이론에서 설명하는 것처럼 FocP로 간주한다면 초점화되지도 않았는데 FocP로 간주하는 것이 문제이고 LF에서 자질이 지워지지 않기 때문에 비문이어야 맞다. 그러나 예상과는 달리 정문이다. 여기에서 제시할 수 있는 해결책은 서법 조동사가 무표화된 형태(unmarked form) 또는 미명세(underspecification)된 형태로 시상 조동사 avere를 취한다는 것이다. 시상 조동사 avere를 취할 수 있는 이유는 서법 동사가 어휘 동사로 사용될 때 avere를 취할 수 있기 때문이다. 시상 조동사는 아래와 같은 어휘 정보를 가지고 있는 것으로 추론한다.

(39)

```
┌ HEAD   ┌ verb          ┐         ┐
│        │                │         │
│        └ + AUX, fin     ┘         │
│                                   │
│ SUBJ     <[1]NP>                  │
│                                   │
└ COMPS   <[2]VP[psp, SUBJ<[1]>     ┘
```

시상 조동사의 간단한 어휘 정보로 (40a, b)의 문장이 왜 비문인지 설명된다. 보충어인 동사구가 과거 분사인데 (40a)와 (40b)는 원형 동사가 나타나서 비문이다. 그러나 (40c)와 (40d)처럼 과거 분사가 나타나는 경우 정문이다.

(40)

a. *Loro sono VP[psp] {arrivare a casa}

b. *Lui ha VP[psp] {mangiare il riso}

c. Loro sono VP[psp] {arrivati a casa}

   They are arrived to house   → 그들은 집에 도착했다.

d. Lui ha VP[psp] {mangiato il riso}

   He ha eaten the rice   → 그는 밥을 먹었다.

시상 조동사 essere와 결합하는 과거 분사는 주어의 성, 수와 동일한 일치 값을 가지며, avere와 결합하는 과거 분사는 일치 값을 공유하지 않는다.[14]

3.3. Andare, Venire, Stare

Andare, Venire, Stare는 이탈리아어의 조동사 분류 중에서 진행 조동사에 포함된다. 또한 복합 시제에서 서법 조동사 essere를 취한

---

14) 시상 조동사 essere와 과거 분사의 일치에 대해서는 이 연구에서는 제외하기로 한다. 자세한 논의는 김운용(1999), 김운용(2003) 그리고 Kathol(1997)을 참조하길 바란다.

다는 점에서 공통점이 있다. 그 외에도 andare와 venire는 본동사로 절대 이동 동사로 사용될 뿐만 아니라, 수동 조동사로도 사용가능하다.

3.3.1. Andare

Andare는 조동사로는 수동 조동사, 진행 조동사로 사용되며, 본동사와 명사로 사용되고 있다.

(41) 본동사

a. E' ora di *andare* a casa.

  is time to go to house　　　➡ 집에 갈 시간이다.

b. Dove *va* questo sentiero?

  where goes this path?　　　➡ 이 길이 어디로 나 있니?

(42) 명사

  Con l'*andar* del tempo si potrebbe riformare della condensa

  with the go of the time itself can reform of the condensate

  ➡ 시간이 흐름에 따라 응축물이 형태가 바뀔 수 있다.

(43) 수동 조동사

a. Questa operazione *va* eseguita subito.

  this operation must − be carry out immediately

  ➡ 이 수술은 즉시 실행되어야 한다.

b. Questa tassa *va* pagata.

this tax must — be payed   ➡ 이 세금은 지불되어야 한다.

수동 조동사 andare는 뒤에 본동사가 수동 분사 형태로 나타나며, 수동 분사와 결합해서 당위적인 수동의 의미 '～어야 하다'의 의미로 사용된다.

(44) 진행 조동사

a. Il nostro lavoro *va* migliorando.

   the our work goes improving

   ➡ 우리 일은 개선되고 있는 중이다.

b. *Va* ripetendo a tutti la stessa cosa.

   goes repeating to all the same thing

   ➡ 같은 것이 모두에게 반복되고 있는 중이다.

진행상을 갖는 동사와 결합해서 역동적(dynamic) 진행의 의미를 갖는다.

3.3.2. Venire

Venire는 andare처럼 수동 조동사, 진행 조동사로 사용되며, 본동사와 명사로 사용되고 있다.

(45) 본동사

a. Da dove *vieni*?

from where (you) come? → 어디에서 오니?

b. Gli ho chiesto di *venire* a trovarmi.

to him(CL) I − have asked to come to find − me

→ 나는 그에게 나를 만나러 오라고 요구했다.

(46) 명사

Era tutto un *andare e venire*.

was a lot of coming and going

→ 모면할 수 없는 것이 있었다.

(47) 수동 조동사

a. Ogni sera il cancello è chiuso.

every evening the gate is closed.

→ 매일 저녁 문이 닫혀 있다.

b. Ogni sera il cancello *va* chiuso.

every evening the gate must − be closed.

→ 매일 저녁 문이 닫혀야 한다.

c. Ogni sera il cancello *viene* chiuso.

every evening the gate comes closed.

→ 매일 저녁 문이 닫힌다.

이탈리아어에 수동 조동사로 사용되는 동사로는 essere, andare, venire가 있다. 일반적으로 essere 동사는 상태를 나타내며(47a), andare 는 의무를 나타내고(47b), venire는 행동을 나타낸다(47c).

(48) 진행 조동사[15]

Quella ragazza *viene* facendosi sempre più bella.

that girl comes doing – herself always more beautiful

→ 저 소녀는 더욱더 예뻐지고 있다.

3.3.3. Stare

Stare는 본동사, 진행 조동사로 사용되고 있다. 수동 조동사로 사용되지 않고 있다. 수동 조동사로 사용되지 않는 이유는 essere와 비슷한 의미를 갖는 상태 동사이기 때문에 어휘 차단(lexical blocking)에 의해서 사용되지 못한 것으로 보인다.[16]

(49) 본동사

a. Come *stai*? (= 5d)

b. Per motivi di lavoro sono *stato* in Francia per parecchi mesi.

   for motives of work (I) am been in France for several months

   → 일 때문에 여러 달 프랑스에 있었다.

(50) 진행 조동사

a. *Stava* lavorando.

   he / she – was working → 그 / 그녀는 작업 중이었다.

---

15) 이탈리아어에서 진행상을 나타내는 본동사의 어미와 분사 구문을 나타내는 본동사의 어미가 같은 형태이다. 해석에 주의해야 한다.
L'appetito vien mangiando.
the appetite comes eating '식욕은 먹으면서 온다.

16) 실제로 조동사로 사용되는 essere의 과거 분사 형태와 stare의 과거 분사가 같다.

b. *Sto* facendo il possibile.

I – am doing the possible

  → 나는 가능한 것을 하고 있는 중이다.

서법 조동사와 상태 동사는 진행상을 갖는 구문에 사용될 수 없다. (46a)에서 본동사는 lavorare '일하다'라는 타동사이지만 진행상에는 관여하지 못하는 것으로 보인다.

(51)

a. *Stavo dovendo lavorare troppo.

b. *Gianni sta sapendo la verità.

(51b)의 sapere '알다'라는 동사가 진행상을 갖는 구문에 사용되지 못하는 것은 '알다'라는 동사가 상태 동사이기 때문이다. stare도 상태 동사이고 sapere도 상태 동사이기 때문에 상출돌에 의해서 비문이 된다. 수동 분사와 결합하는 andare, venire 그리고 essere 조동사의 어휘 정보는 (52a)와 같고, 진행상을 갖는 동사와 결합하는 andare, venire, stare 조동사의 어휘 정보는 (52b)와 같다.

(52)

a. 수동

$$\begin{bmatrix} \text{HEAD} & \begin{bmatrix} \text{verb} \\ + \text{ AUX} \end{bmatrix} \\ \text{SUBJ} & <\text{NP}> \\ \text{COMPS} & <\text{VP[pass]}> \end{bmatrix}$$

b. 진행

$$
\begin{bmatrix}
\text{HEAD} & \begin{bmatrix} \text{verb} \\ +\ \text{AUX} \end{bmatrix} \\
\text{SUBJ} & <\text{NP}> \\
\text{COMPS} & <\text{VP[prog, } -\text{Asp} / -\text{Stative} / -\text{Modal]}>
\end{bmatrix}
$$

(52b)의 어휘 정보를 통해서 (44), (48), (50)의 예문이 정문임을 알 수 있다. 또한 (51)의 비문도 쉽게 설명할 수 있다. 보충어의 핵 값이 상동사, 상태 동사, 서법 동사가 아닌 동사를 요구하고 있으나, 이를 어겨서 비문이다.

3.4. 연쇄사

연쇄사는 어휘적으로 상의 기능과 양태를 나타내는 서법의 기능을 가지고 있는 동사들이다. 연쇄사는 의미적으로 보조 동사의 기능을 하지만 시상 조동사의 선택에 있어 어휘 동사처럼 행동한다.

3.4.1. 상연쇄사

서법 조동사처럼 어휘 동사를 바로 취하는 것이 아니라 상연쇄사는 동사 뒤에 전치사 a, di나 per와 같은 전치사가 나타나며 부정사구를 이끈다. 의미적인 면에서 분류된 동사의 한 부류로 시작, 지속, 기동, 결과, 완료, 진행, 반복, 일시성과 같은 상을 나타낸다.

(53)

a. *Incomincia* a piovere.

It – begins to rain   → 비가 내리기 시작한다

b. *Termino* di fare il compito.

I – finish to do the task

→ 나는 숙제하는 것을 마치고 있다.

c. *Tenterò* di fare qualcosa.

I – will – try to do something

→ 나는 뭔가를 하려고 시도할 것이다.

d. *Cercate* di finire in tempo.

You – search to finish in time   → 시간 안에 끝내도록 해라.

e. *Cominciò* *a* parlare.

He / She – began to speak   → 그 / 그녀는 말하기 시작했다.

f. *Continuava* *a* ridere.

He / She – continued to laugh   → 그 / 그녀는 웃기를 계속했다.

g. Ho *smesso* di studiare poco prima di cena.

I – have stopped to study little before the dinner

→ 나는 저녁식사 좀 전에 공부를 마쳤다.

h. Dopo cena ho *ripreso* a studiare per un po'.

After dinner I – have retaken to study for a while

→ 저녁식사 후에 잠시 동안 공부를 다시 했다.

(54)

a. *Si accingeva a* uscire.

he / she) sat about go out

→ 그 / 그녀는 막 나가려던 참이었다.

b. *Mi sono sforzato di* capire quell'esercizio ma non ce l'ho fatta.

myself(CL) I－am tried hard to understand that exercise, but
not it I－havemanage.　　→ 그 연습문제를 이해하려고 나는 열심히
노력했지만, 해내지 못했다.

3.4.2. 서법 연쇄사

서법 연쇄사는 동사가 서법 동사처럼 서법 기능을 가진 동사의
부류이다. Moretti(1992: 213)는 서법 기능을 가진 동사로 amare
'사랑하다', usare '습관을 가지다', osare '감히 ～하다', lasciarsi '두
다' 등을 예로 들고 있다.

(55)

a. Perché *ti lasci* andare così?

why yourself(CL) you－leave go so?

→ 왜 그렇게 되게 두니?

b. Il coraggioso principe *osò* sfidare la volontà del re.

the brave prince dared to challenge the will of the king

→ 용감한 왕자가 감히 왕의 의지에 도전을 하였다.

c. Non *ardì* (di) presentarsi al padre.

not he / she－dared to present－himself / －herself to the father

→ 그 / 그녀는 감히 아버지 앞에 나타나지 못했다.

연쇄사의 특징

복합 시제에서 본동사가 시상 조동사를 선택하는 것이 아니라 서법 연쇄사가 조동사를 선택한다. 이는 일반 서법 조동사가 시상 조동사를 선택하는 것이 아니기 때문에 본동사가 시상 조동사를 선택하는 것과 다르다.

(56) 접어

a. Antonio non *osa* avvicinarsi.[17]

Antonio not dares get near – si

➤ 안토니오는 감히 접근하지 못한다.

b. Antonio non si *osa* avvicinare.

Antonio not si dares get near

➤ 안토니오는 감히 접근하지 못한다.

c. Antonio non ha *osato* avvicinarsi.

Antonio not has dared get near – si

➤ 안토니오는 감히 접근하지 못했다.

d. *Antonio non è *osato* avvicinarsi.

e. Antonio non si è *osato* avvicinare.

Antonio not si is dared get near

➤ 안토니오는 감히 접근하지 못했다.

---

17) avvicinarsi는 대명 자동사로 접어 si가 어휘 avvicinare에 붙어 있는 접사와 같은 접어의 형태이다. 접어 si가 결합된 형태로 하나의 의미로 해석되기 때문에 그대로 si로 적었다. 김운용(1999) 접어의 분류 참조.

접어 si는 시제가 없는 어휘 동사 avvicinare '접근하다' 뒤나 (56a) 시제가 있는 연쇄사 osare '감히 ~하다' 앞에(56b) 위치하고 있다. (56c)는 avvicinarsi가 대명 자동사이기 때문에 앞에 시상 조동사가 essere일 것이라 예측하겠지만 essere가 아니라 avere이다. 여기에서 우리는 연쇄사인 osare가 시상 조동사를 선택한다고 가정할 수 있다 (56d). (56e)의 예문을 보면 osare가 시상 조동사를 선택할 수 없는 것처럼 보일 수 있다. 하지만 김운용(1999)와 김운용(2003)에 의하면 접어 si가 복합 시제 구문에서 시상 조동사 앞에 나타날 때 essere를 요구한다고 밝힌 바 있다.

(57)

a. Giovanni ha voluto lavarsi.

   Giovnni has wanted wash – himself(CL)

   ➤ 죠바니는 씻기를 원했다.

b. Giovanni si è voluto lavare.

   Giovnni himself(CL) is wanted wash

   ➤ 죠바니는 씻기를 원했다.

(58)

a. Si è lavato.

   himself(CL) is washed   ➤ 그는 씻었다.

b. Si è partiti.

   one(CL) is leaved   ➤ 사람들은 떠났다.

(57a)에서 재귀 접어 si가 어휘 동사 lavare와 결합했을 때는 시상 조동사 avere를 취하고 있다. 왜냐하면 lavare 동사가 '씻다'라는 의미의 타동사이기 때문이다. 하지만 (57b)에서 재귀 접어 si가 시제가 있는 동사와 결합했을 때 시상 조동사 essere를 취하고 있다. (58a)는 재귀 구문으로 타동사 lavare '씻다'가 있는 구문이고, (58b)는 비인칭 구문으로 절대 이동 동사 partire '떠나다'가 있는 구문이지만 동일하게 시상 조동사 essere를 취하고 있다.[18]

(59)

a. Non ha *osato* venire.

   not (he) has dared come　　　　→ 그는 감히 오지 못했다.

b. *Non è *osato* venire.

   not (he) is dared come

(60)

Piero ha / è voluto venire con noi. (= 35b)

Piero has / is wanted to come with us

→ Piero는 우리와 함께 오기를 원했다.

(60)은 서법 조동사가 시상 조동사와 본동사 사이에 삽입되었을 때 시상 조동사 avere와 essere를 둘 다 사용할 수 있지만 (59b)는 시상 조동사 essere를 취했을 때 비문이다.

상연쇄사와 서법 연쇄사의 어휘 정보는 각각 아래와 같다. 상연

---

18) 자세한 논의는 김운용(1999)와 김운용(2003)을 참조하기 바란다.

쇄사는 부정사구를 보충어로 요구하며, 서법 연쇄사는 원형 동사를
보충어로 요구한다. 이들은 각각 보충어가 갖는 주어가 연쇄사의
주어와 동일한 값을 가진다.

(61)

    a. $\begin{bmatrix} \text{HEAD} & \begin{bmatrix} \text{verb} \\ + \text{ AUX} \end{bmatrix} \\ \text{SUBJ} & <\text{[1]NP}> \\ \text{COMPS} & <\text{VP[prep, SUB}<\text{[1]}>\text{]}> \end{bmatrix}$

    b. $\begin{bmatrix} \text{HEAD} & \begin{bmatrix} \text{verb} \\ + \text{ AUX} \end{bmatrix} \\ \text{SUBJ} & <\text{[1]NP}> \\ \text{COMPS} & <\text{VP[bse, SUB}<\text{[1]}>\text{]}> \end{bmatrix}$

3.5. 준조동사

준조동사는 조동사 essere, avere, stare, andare 동사 중 하나가 사
용되면서 양태 또는 상의 의미를 표현하는 동사이다. 이 유형에 포
함되는 대부분의 동사들은 기동동사(inchoative verb)가 갖는 시작상
을 갖는다. 이들 동사로는 '시작하다' 의미를 갖는 essere per, stare
per, essere sul punto di, essere lì lì per 등, 그리고 andare avanti a
'계속하다', 그리고 aver l'abitudine di '습관을 가지다' 등이 있다.

(62)

a. Sono *stato sul punto di* perdere il treno.

   I – am been on the point to miss the train

   ➤ 나는 기차를 막 놓칠 뻔했다.

b. *Ero lì lì per* rispondergli male.

   I – was about to response – him badly

   ➤ 나는 그에게 나쁘게 대답하려던 참이었다.

c. È arrivato mentre *stavo per* andare a letto.

   he – is arrived while I – was for go to bed

   ➤ 내가 자러 갈 순간에 그가 도착했다.

d. Non vengo al cinema, preferisco *andare avanti a* studiare geografia.

   not I – go to the theater, I – prefer go ahead to study geography

   ➤ 나는 영화관에 가지 않고, 지리 공부하는 것을 계속하는 것을 더 좋아한다.

이와 같은 준조동사로 사용되는 유형을 Moretti(1992: 213)는 술어가 서법적인 기능(funzioni modali)[19]을 가지고 있는 것으로 다루고 있다(essere solito, essere uso, aver l'abitudine di). 그가 분류한 동사들은 (62)의 유형과 달리 반복상(repetitive aspect)을 갖는다.

(63)

a. È *uso* scambiarsi dei regali a Natale.

---

19) Bertinetto(1991: 129)는 양태적인 우언적 표현(perifrase modale)으로 분류하였다.

it − is accustomed change − each other some gifts at X − mas

   → 성탄절에 약간의 선물들을 서로 교환하곤 한다.

b. *Sono solito (di)* alzarmi presto io la mattina.

am used to get up − myself early I the morning

   → 나는 아침마다 일찍 일어나곤 한다.'

c. Lui *ha l'abitudine di* arrivare tardi a casa.

he has the habit to arrive late at house

   → 그는 집에 늦게 도착하는 습관을 가지고 있다.

준조동사의 특징

복합 술어(complex predicate) 형식으로 사용되는 준조동사 구문이 essere, stare, andare 등으로 이끌릴 때 복합 시제에서 시상 조동사 essere를 취하고, 준조동사 avere 구문은 시상 조동사 avere를 택한다.

(64)

a. ?Sono *stato lì lì per* rispondergli male.

I − was been about to response − him badly

   → 나는 그에게 나쁘게 대답하려던 참이었다.

b. Lui ha *avuto l'abitudine di* arrivare tardi a casa.

he has had the habit to arrive late at house

   → 그는 집에 늦게 도착하는 습관을 가지고 있다.

(64b) 구문은 avere l'abitudine di '습관을 가지다'는 의미의 준조

동사 구문으로 본동사로 arrivare '도착하다' 의미의 절대 이동 동사를 취하고 있지만 복합 시제에서 시상 조동사 avere를 취하고 있다. 또한 기동상을 깇는 동사 cominciare, incominciare, iniziare 등이 복합 시제에서 시상 조동사 avere를 취하나 준조동사는 시상 조동사 essere를 선호한다. (64a)는 모국어 화자에 따라서 약간 이상하다고 할 수 있으나, (62a)는 정문임에 틀림이 없다. 모국어 화자에 따라서 (64a)가 의미적으로 이상하다고 판단하는 것은 기동상을 나타내는 동사가 불완료 시제(imperfective tense)를 선호하기 때문이다. 이 연구에서의 관심은 시상 조동사를 선택할 때 본동사에 의해서 결정되느냐 준조동사에 의해서 결정되느냐이다. 시상 조동사를 본동사가 요구할 때는 준조동사가 어휘 동사가 갖는 속성을 상실하고, 준조동사가 시상 조동사를 요구할 때는 어휘 동사의 속성을 갖기 때문이다. 결론적으로 (64a)와 (64b)는 준조동사가 복합 술어 구문을 이끌지만 통사적으로 시상 조동사를 선택한다고 말할 수 있다.

준조동사의 어휘 정보는 상연쇄사 같다. 보충어로 부정사구를 요구하며, 부정사구의 주어가 핵인 조동사가 갖는 주어와 같은 값을 가진다.

(65)

$$
\begin{bmatrix}
\text{HEAD} & \begin{bmatrix} \text{verb} \\ \text{+ AUX} \end{bmatrix} \\
\text{SUBJ} & <[1]NP> \\
\text{COMPS} & <VP[prep,\ SUB<[1]>]>
\end{bmatrix}
$$

4. 남은 과제들

4.1. 조동사와 본동사의 관계

4.1.1. 내적 비분리성

연쇄사 구문은 내적 비분리성을 갖는다. 내적 비분리성이란 V1
과 V2 사이에 독립된 다른 성분이 개입될 수 없다는 것이다.

연쇄사 구문을 예로 보기로 하자. 아래 연쇄사 finire '마치다'는
종결상을 갖는다. 이때 접어는 시제가 없는 본동사 battere '치다'
뒤나 시제가 있는 동사 finire 앞에 나타날 수 있다. 아래에서 접어
의 이동은 V1과 V2의 사이에 들어갈 수 없다.

(66)

a. Maria finiscce di batterla a macchina domani.

   Maria finishes to hit – it(CL) with machine tomorrow

   ➤ 마리아는 내일 그것을 타자기 치는 것을 마칠 것이다.

b. Maria la finisce di battere a macchina domani.

   Maria it(CL) finishes to hit with machine tomorrow

(67)에서 leggere '읽다'와 correggere '수정하다'는 모두 타동사로
목적어를 필요로 하는 동사이다.

(67)

a. Gianni deve leggerlo e correggerlo.

Gianni must read – it(CL) and correct – it(CL)

  ➜ 쟌니는 그것을 읽고 수정해야 한다.

b. Gianni lo deve leggere e correggere.

Gianni it(CL) must read and correct

  ➜ 쟌니는 그것을 읽고 수정해야 한다.

(67a)는 접어가 각각의 동사에 목적어로서 구현된 경우이고 (67b)는 접어가 시제가 있는 동사 앞에 나타난 경우이다. (67a)에서처럼 접어가 동사 leggere '읽다'와 correggere '수정하다'의 목적어이기 때문에 반복해서 나타나야 정문이다. 그러나 (67b)도 정문이다. 이 문장이 정문인 이유는 '읽는 행위'와 '수정하는 행위'가 상호 밀접한 관련성이 있기 때문이다. 의미적으로 밀접한 연속성(continuum)을 보일 때만 직접 목적 접어가 생략이 되어도 정문이다.[20]

(68)

*Gianni lo comprerà e indosserà alla festa.

Gianni it(CL) will – buy and will – wear at the party.

  ➜ 쟌니는 그것을 사서 잔치에 입을 것이다.

---

20) 이탈리아어에서 비인칭 접어 si는 시제가 있는 모든 동사 앞에 나타나야지만 의미적으로 연속성을 보일 때는 비인칭 접어가 상위문에 한 번만 나타나도 정문이다.
   Qui si mangia e beve a sazietà.
   here one eats and drinks full   '여기에서 사람들은 충분히 먹고 마신다.'

(67)에서 읽고 쓰는 행위가 연속성을 갖는 반면에 (68)에서는 '사
는 행위'와 '입는 행위'가 밀접한 연속성을 보이지 않기 때문에 비
문이 된다. 다시 말해서 접어의 이동은 내적 비분리성과 밀접한 관
계가 있는 것으로 보인다. 이처럼 내적으로 분리가능하지 않는 구
문은 접어의 이동이 자유로운 편이나 내적으로 분리가능한 구문에
서는 접어의 이동이 불가능하다.

(69)

a. Piero afferma di conoscerla molto bene. (Manning 1997: 3)

   Piero affirms to know − her(CL) verywell

   → 삐에로는 그녀를 잘 알고 있다고 확신한다.

b. *Piero la afferma di conoscere molto bene.

(69a)는 conoscere '알다' 동사가 직접 목적 접어 la를 보충어로
취하고 있는 경우에는 정문이지만 이것이 시제가 있는 동사 앞에
이동을 했을 때는 비문이 된다(69b). 왜냐하면 affermare '확신하다'
는 동사가 본동사로 사용되었기 때문이다.

4.1.2. 이탈리아어의 조동사: 통사적 구분과 의미적 구분

이탈리아어에서 시상 조동사의 선택에 관한 논의는 이탈리아어
통사론이나 로망스어계 언어 통사론에서 활발하게 다루어지고 있
는 것 중의 하나이다. 시상 조동사의 선택과 과거 분사와의 관계에
대해서는 Burzio(1986), Perlmutter(1979), Dixon(1994: 9) 등에서 자

세히 논의하였다. 특히 Burzio(1986)와 Dixon(1994:9)은 주격 / 대격 언어와 능격 / 절대격 언어를 구분하였고, Sanfilippo(1993: 181 – 82) 는 의미관계에 따라서 자동사의 종류를 구분하고 자동사 중에서 어떤 부류가 시상 조동사 avere를 취하는지 essere를 취하는지 구분 하였다.

(70)

a. 내재적으로 방향을 명시하는 의미관계를 갖는 동사:

andare '가다', arrivare '도착하다', venire '오다' 등.

b. 이동 양태를 명시하는 그리고 외적인 원인을 받는 의미관계를 갖는 동사:

scivolare '미끄러지다', rollare '구르다', slittare '미끄러지다' 등.

c. 이동 양태를 명시하지만 외적인 원인을 받지 않는 의미관계를 갖는 동사

correre '달리다', nuotare '수영하다', camminare '걷다' 등.

Sanfilippo는 (70a)와 (70b)는 essere를 취하고, (70c)는 avere를 취 한다고 주장하고 있다.[21] 의미적인 구분법과 달리 통사적인 구분법 도 있다. Dixon(1994: 9)은 언어를 주격 / 대격 언어와 능격 / 절대격 언어로 구분하여, 주격 / 대격 언어는 자동사의 주어와 타동사의 주 어를 동일한 범주로 묶고, 타동사의 목적어만을 대격 목적어로 구 분하였다. 능격 / 절대격 언어는 자동사의 주어와 타동사의 목적어

---

21) (70a)의 동사 부류는 이 연구에서 절대 이동 동사라고 부르는 것이며, Rizzi(1982)의 순수 이동 동사이다.

를 절대격이라 하고, 타동사의 주어만을 별도로 능격으로 구분하였
다. 이러한 추론이 기본적으로 맞는다면 이탈리아어는 이러한 언어
적 구분이 어휘화되어 나타난 것으로 보고, 아래와 같은 값구조를
가진 것으로 분석할 수 있다.

(71) 값구조의 유형

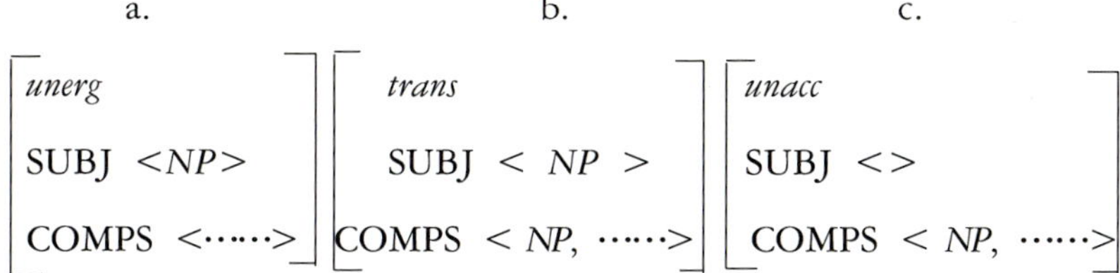

타동사와 비능격 동사의 주어는 SUBJ 항목의 유일한 요소이고
수동 동사와 비대격 동사의 주어는 COMPS 항목의 첫 번째 NP이
다. 어휘적으로 비대격은 타동사의 목적어와 특성 공유된다. (71c)
의 구조를 가진 것만이 시상 조동사 essere를 취한다. 그러나 이와
같은 그의 주장은 Rizzi(1982)가 주장한 재구성 동사 구문에서 문제
에 봉착한다.

4.1.3. 재구성 동사와 조동사

Rizzi(1982)는 의미론적으로 약한 특정 부류의 조동사[22]들이 구조

---

22) a. 서법 조동사(modal verb)
   (예. potere '할 수 있다', dovere '해야만 하다', volere '원하다' 등)
   b. 시간상 동사(temporal aspectual verb)
   (예. cominciare '시작하다', finire '마치다', continuare '지속하다' 등)
   c. 순수 이동 동사(pure motion verb)

를 재분석하는 재구성 규칙을 유발한다고 제안함과 동시에 재구성 규칙은 생산적인 통사 과정이라고 주장하였다. 언뜻 보면 그가 구분한 재구성 동사와 이 연구에서 사용하는 조동사가 같은 것으로 여겨질 수 있다. 그러나 이 연구에서 사용되는 조동사라는 용어는 전통적인 문법에서 보조 동사라고 칭해지는 것까지 포괄하는 넓은 의미의 조동사를 조동사로 보았다. 넓은 의미의 조동사를 조동사로 구분한 이유는 Quirk 외(1985)의 구분법에 따라서 조동사를 구분했기 때문이다. 또한 조동사로 구분되었던 서법 조동사, 시상 조동사, 수동 조동사, 진행 조동사, 연쇄사, 준조동사가 다른 동사를 보충어로 취하면서 시제 또는 상과 양태의 의미적 기능을 부여하기 때문이다.

(72)

a. Maria ha voluto venire con noi.

Maria has wanted come with us.

  ➤ 마리아는 우리랑 함께 오기를 원했다.

b. Maria è voluta venire con noi.

Maria iss wanted come with us.

  ➤ 마리아는 우리랑 함께 오기를 원했다.

Rizzi(1982: 20)는 위의 예문들이 단지 시상 조동사가 교체되는 것처럼 보이지만 구조적으로 다르다는 주장을 한다.

(예. venire '오다', andare '가다', tornare '돌아가다' 등)

(73)

a. Maria {ᵥ ha voluto] {ₛ venire con noi}

b. Maria {ᵥ è voluta venire} con noi.

그는 구성 성분 테스트를 사용해서 (73a)는 두 문장이 한 문장으로 나타난 것이며, 서법 조동사인 volere가 본동사로 시상 조동사를 선택하고 있다고 주장한다. (73b)는 단문으로, 이때 서법 조동사는 동사구의 한 일원으로 사용되며, 시상 조동사는 부정 동사에 의해서 지배받는다고 주장하고 있다. 시상 조동사가 부정 동사에 의해서 지배받는다는 다른 예를 (74)처럼 제시하고 있다. Rizzi(1982: 22−23)는 조동사와 맨 오른쪽 끝에 오는 동사 사이에 재구성 동사 몇 개가 오더라도 맨 오른쪽 끝에 오는 동사, 즉 부정 동사가 조동사를 선택한다는 것을 보여주고 있다.

(74)

a. Maria li avrebbe voluti andare a prendere lei stessa.

{avere}{essere}{avere}

Maria them(CL) has wanted to go to take herself

→ 마리아는 그들을 그녀 자신이 데려가길 원했을 것이다.

b. Maria ci sarebbe dovuta cominciare ad andare.

{avere}{avere}{essere}

Maria there(CL) is must$_{psp}$ begin to go

→ 마리아는 그곳에 가기 시작을 했어야만 했을 것이다.

c. Maria li avrebbe potuti stare per andare a prendere lei stessa.

{avere}{essere}{essere}{avere}

Maria them(CL) have can$_{psp}$ be on the point of going to get herself

➙ 마리아는 그녀 자신이 그들을 막 데리러 갈 수 있었을 것이다.

(74a)와 (74c)는 prendere '가지다'가 타동사이므로 시상 조동사 avere를 취하고 있고, (74b)는 andare '가다'가 절대 이동 동사이므로 시상 조동사 essere를 택하고 있다. 그가 주장하는 재구성 동사는 이 연구에서 분류한 조동사 중 서법 조동사, 시상 조동사, 수동 조동사, 진행 조동사에만 적용되고 있다.[23] 앞에서 시상 조동사의 선택은 본동사에 의해서 결정된다고 밝힌 바 있다. 다시 말해서 조동사가 보충어를 선택하는 것과 달리, 보충어라고 여겨지는 요소가 시상 조동사의 선택에 관여하고 있다.

(75)

a. *Ho mangiare un pezzo di pizza.

   I – have eat a piece of pizza

b. *Sono andare a casa.

   I – am go to house

(75a)가 틀린 이유는 mangiare가 '먹다' 의미의 타동사로 시상 조동사 avere를 요구하는 것까지는 맞지만 과거 분사가 아니어서 비문이고, (75b) 역시 andare가 '가다' 의미의 절대 이동 동사로 시상 조동사 essere를 요구하지만 자신이 과거 분사가 아니어서 비문이다. 즉 시상 조동사는 보충어를 과거 분사로 요구하지만 보충어는 특정한 시상 조동사를 요구한다. 만약에 재구성 동사가 여러 개 나오더라도 마지막에 있는 어휘 동사가 시상 조동사를 선택한다면, 이 연구에서 준조동사와 서법 연쇄사가 시상 조동사를 선택한다는 주장이 틀릴 수도 있다. 그러나 복합 시제에서 서법 조동사가 무표화된 형태(unmarked form) 또는 미명세(underspecification)된 형태로 시상 조동사 avere를 취한다는 주장을 한 바 있다. (74)의 문장에서 서법 조동사가 시상 조동사 다음에 나왔다는 사실에 주의할 필요가 있다.

(76)

a. Maria ha dovuto cominciare ad andarci.

Maria has mustpsp begin to go – there(CL)

➤ 마리아는 그곳에 가기 시작했어만 했을 것이다.

b. ?Maria ci ha dovuto cominciare ad andare.

Maria there(CL) has mustpsp begin to go

모국어 화자에게 (76a)는 사용 빈도가 낮기는 하지만 정문으로 받아들여지는 문장이고, (76b)는 약간 이상하다는 정도이다. (76)의 데이터는 준조동사와 서법 연쇄사가 시상 조동사를 선택한다는 주장과 미명세된 형태로 서법 조동사가 시상 조동사 avere를 취할 수 있다는 주장을 유지할 수 있도록 해 준다.

4.1.4. 동사구의 구조

이 연구에서의 기본적인 가정은 이탈리아어의 모든 조동사를 어휘 동사로 간주하고, 이들이 다른 동사를 보충어로 취했을 때만 조동사성을 갖는다고 보는 것이다. 최근 Chomsky의 최소주의 이론에서 Merge처럼 보충어로 연결되는 요소가 동사구가 아닐 때는 어휘 동사나 명사이고, 동사구일 때는 조동사가 된다고 본다. 그러나 기본적인 전제에 있어서 차이점은 어휘 항목이 갖는 자질값은 어휘부에 명세되어 있다고 본다.

(77)

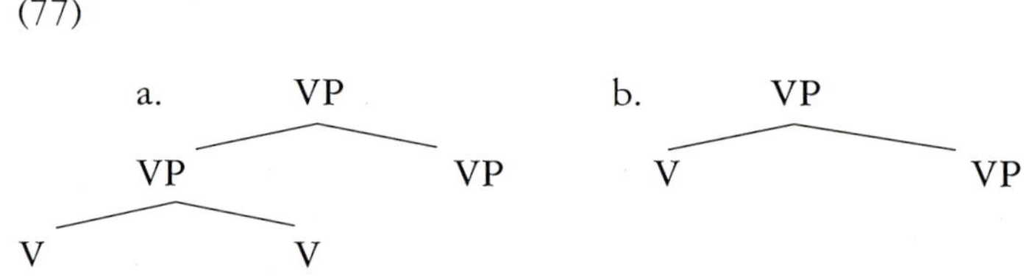

Rizzi(1982: 20)의 주장에 따라서 (73a)에서처럼 시상 조동사가 avere인 복합 시제는 (77a)의 구조를 가지며, 시상 조동사가 essere인 복합 시제는 (77b)의 구조를 가진 것으로 본다.

이 연구에서는 조동사 구문의 동사구의 구조는 평면 구조(flat structure), 좌분지 구조(left branching structure), 우분지 구조(right branching structure)를 가질 수 있으나, 이탈리아어의 동사구 구조

는 우분지 구조를 가진 것으로 가정한다.[24]

(78)

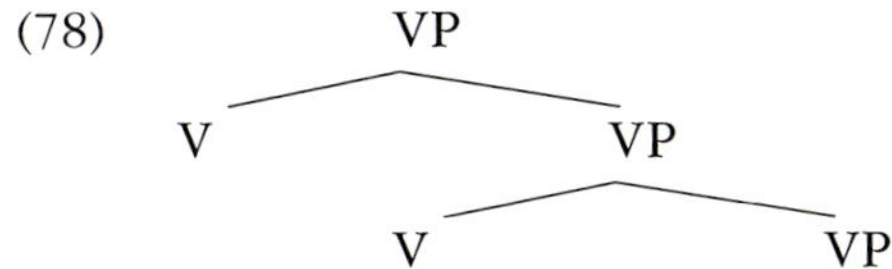

조동사가 여럿이 나오는 구문은 (78)의 구조와 같은 형태를 취한다.

4.2. 조동사 구문에서 부정어 non

이탈리아어의 부정어 non은 문장 부정(sentential negation)일 때는 시제가 있는 동사구의 수식어로 나타나며, 구성 성분 부정(constituent negation)일 때는 시제가 없는 조동사 앞에 자유롭게 나타날 수 있다.

(79)

a. Kim non può bere.

   Kim not may drink

   → 김은 술 마시는 것이 허락 안 될 수도 있다.

b. Kim può non bere.

   Kim can not drink

   → 김은 술 안 마시도록 허락될 수도 있다.

---

24) 이에 대한 자세한 논의는 Sag & Wasow(1999), Manning(1997) 등을 참조하길 바란다.

(79a)는 non의 작용역(scope)이 동사구 전체인 경우이고, (79b)는 작용역이 bere '마시다' 동사인 경우이다. 부정어 non은 한정 동사구(finite VP)나 비한정 동사구(nonfinite VP)의 수식어로 사용될 수 있는 것으로 보인다. 그러나 시상 조동사와 과거 분사 사이에는 부정어 non이 삽입될 수 없다.

(80)

a. Kim non ha bevuto.

Kim not has drunken.   ➤ 김은 술을 마시지 않았다.

b. *Kim ha non bevuto.

Kim has not drunken.

부정어 non이 한정 동사나 비한정 동사 중에서 원형 동사만을 선호하는 것으로 보인다. 그러나 다른 종류의 부정 부사인 mai는 시상 조동사와 과거 분사 사이에 삽입될 수 있다.

(81)

a. Kim non ha mai bevuto.

Kim not has never drunken

➤ 김은 결코 술을 마시지 않았다.

b. Kim mai ha bevuto.

Kim never has drunken

➤ 김은 결코 술을 마시지 않았다.

c. *Kim ha mai bevuto.

Kim has never drunken

(81c)는 부정어 non이 시상 조동사 앞에 있을 때만 mai가 본동사인 과거 분사 사이에 삽입된다. non이 시상 조동사 앞에 나타나지 않는 경우에는 비문임을 말해준다.

(82)

a. Kim never left.

b. *Kim not left.

이탈리아어의 부정어 non과 mai는 영어의 부정어 never처럼 한정 동사 앞이나 비한정 동사 앞에 나타날 수 있는 것으로 보인다. 영어의 부정어 never는 비한정 동사구 중에서 부정사구, 원형 동사, 진행 동사 앞에 나타날 수 있으나 이탈리아어의 non은 한정 동사 앞이나 비한정 동사구 중에서 원형 동사구 앞에 나타난다.[25]

4.3. 문장 부사

(83)

a. Hai già chiuso la valigia?

you – have already closed the suitcase?

---

25) 자세한 논의는 Kim(2002) 32쪽 참조하길 바란다.

➤ 너는 벌써 짐가방을 닫았니?

b. Non ho mai visto un film giallo.

not I – have never seen a film yellow

➤ 나는 탐정영화를 결코 본 적이 없다.

c. Marco è appena arrivato da Roma.

Marco is just arrived from Rome

➤ 마르코는 로마로부터 막 도착했다.

(83a)에서는 조동사 avere와 chiudere '닫다'의 과거 분사 chiuso 사이에 부사 già '벌써'가 삽입되어 있고, (83b)에서는 avere와 vedere '보다'의 과거 분사 visto 사이에 부사 mai '결코 ~ 않다'가 삽입되어 있다. (83c)는 essere와 arrivare '도착하다'의 과거 분사 arrivato 사이에 부사 appena가 삽입되어 있다.26) 또한 (83a)에서 la valigia '짐가방'은 chiudere의 생략할 수 없는 요소, 즉 보충어이고, (83b)의 un film giallo '탐정영화'는 vedere의 보충어이다. mangiare pranzo '점심을 먹다'에서 pranzo 역시 mangiare의 보충어이다. 아래 (84a)처럼 부정부사 mai가 타동사 vedere와 목적어 un film giallo 사이에 나타날 수 있다. 그러나 그 부사가 un film giallo 뒤에 나타났을 때는 의미적으로 이상하거나 통사적으로 문제가 있다.

---

26) 부사 sempre, mai, ancora, più, appena, anche 등은 '시상 조동사＋부사＋본동사'의 순서를 선호한다. 영어에서는 부사나 유동 양화사가 본동사와 서법 동사 사이에 들어올 수 있다.
a. She would never believe that story.
b. *She believed never that story.
c. The boys will all be there.
d. *Our team played all well.

(84)

a. Non ho visto mai un film giallo.

   not I — have seen never a film yellow

   ➤ 나는 탐정영화를 결코 본 적이 없다.

b. ?*Non ho visto un film giallo mai.

4.4. 조동사의 순서 제약

(85)

a. Giovanni gli è stato presentato.

   Giovanni to him(CL) is been presented

   ➤ 죠반니가 그에게 소개되었다.

b. Giovanni gli ha voluto essere presentato.

   Giovanni to him(CL) has wanted be presented

   ➤ 죠반니가 그에게 소개되길 원했다.

c. Giovanni gli vorrebbe esser stato presentato.

   Giovanni to him(CL) wants be presented

   ➤ 죠반니가 그에게 소개되길 원한다.

d. Maria li avrebbe potuti stare per andare a prendere lei stessa. (=62c)

   Maria them(CL) has can$_{psp}$ be on the point of going to get herself

조동사의 순서는 각각 다음과 같다. (85a)에서는 '시상 조동사＋

수동 조동사(과거 분사)＋본동사(수동 분사)’, (85b)에서는 ‘시상 조
동사＋서법 조동사(과거 분사)＋수동 조동사(원형 동사)＋본동사(수
동 분사)’, (85c)에서는 ‘서법 조동사＋시상 조동사(원형 동사)＋수
동 조동사(과거 분사)＋본동사(수동 분사)’, 그리고 (85d)에서는 ‘시
상 조동사＋서법 조동사(과거 분사)＋연쇄사(원형 동사)＋연쇄사＋
본동사’로 나타난다. 이와 같은 연속체는 아래 (86), (87)과 같은 결
합 제약을 바탕으로 이루어진 것이다.

(86)

a. 시상 조동사＋과거 분사

b. 수동 조동사＋수동 분사

c. 서법 조동사＋원형 동사

(86)의 결합 제약에 연속체는 수의적으로 (85d)처럼 나타날 수 있다.

(87)

a. 시상 조동사＋서법 조동사(과거 분사)＋수동 조동사(원형 동
   사)＋본동사(수동 분사)

b. 서법 조동사＋시상 조동사(원형 동사)＋수동 조동사(과거 분
   사)＋본동사(수동 분사)

5. 결 론

이 연구에서는 이탈리아어 조동사의 분류 및 특징에 대해서 다루었다. 이탈리아의 조동사는 영어의 조동사처럼 부정, 도치, 축약, 생략과 같은 테스트를 통해서 본동사와 조동사를 구분할 수 없기 때문에 조동사와 본동사의 구분에 어려움이 있다. 그래서 먼저 조동사의 정의에 대해서 다루었으며, Quirk 외(1985)의 분류법에 따라서 구분하였으며, 조동사의 종류는 서법 조동사, 시상 조동사, 수동 조동사, 진행 조동사, 연쇄사, 준조동사로 세분하였다. 그리고 나서 각각의 조동사가 갖는 특징을 다루었다.

이탈리아어 조동사의 특징은 조동사의 기능 이외에도 본동사와 명사로서의 사용도 가능하다. 이들은 조동사성을 갖느냐 명사성을 갖느냐에 따라서 구분가능하다. 조동사성을 가질 때는 어휘 목록이 동사를 보충어로 취할 수 있으며, 조동사성이 없고 명사의 자질을 가지지 않았을 때는 본동사의 어휘 목록을 가지며, 명사의 자질을 가졌을 때는 명사로 보고 각각 구분하였다. 일반적으로 조동사가 어떤 종류의 보충어를 취하는지 결정을 하지만 시상 조동사는 보충어의 형태-통사적인 형태만을 결정하고, 보충어가 시상 조동사 중에서 avere나 essere를 선택한다는 것을 본 연구를 통해서 밝혔다.

그리고 시상 조동사의 선택은 동사가 어휘 동사로 사용되었을 때와 동일한 시상 조동사를 선택하는 것으로 보았다. 그래서 Rizzi(1982)의 재구성 동사에 관한 논의에서 맨 마지막에 있는 본동사가 시상 조동사를 선택한다는 주장에 문제가 있음을 제기하고,

각각의 조동사가 본동사로 사용되었을 때 취하는 시상 조동사와 밀접한 관계가 있음을 밝혔다.

Ⅳ. 일치의 방향성에 대해서

김운용(2004b) "일치의 방향성에 대해서", 『EU 연구 15집』, 한국외국어대학교.

Ⅳ. 일치의 방향성에 대해서
− 이탈리아어의 미명세 / 무표 일치를 중심으로 −

굴절이 풍부한 이탈리아어는 여러 일치 현상이 나타나고 있다. 성, 수, 인칭과 관련된 일치 자질이 명사구 내의 한정사와 명사의 일치, 주어와 한정 동사의 일치, 직접 목적 대명사와 과거 분사의 일치에 관여하고 있다. 이러한 다양한 일치 중에서 이탈리아어에서 나타나는 미명세(underspecification) / 무표(unmarkedness) 일치를 다루고자 한다. 미명세 일치는 일치 요소(성, 수, 인칭) 중에서 어느 한 자질이 나타나지 않는 경우이고, 무표 일치는 일치 요소가 무표화된 형태로 나타나는 경우이다.

Wechsler & Zlatić(2001)는 일치는 자질 다발(feature bundle)의 복사나 이동과 같은 단일 방향의 과정(process)이 아니라 두 요소가 하나의 언어 대상에 대해 부분적인 정보를 명세하는 것이라 주장한다. 또한 이 두 요소의 정보가 반드시 양립되어야(compatible) 한다고 밝히고 있다. 이들에 따르면 일반적으로 받아들여지고 있는 "일치 시발자(trigger)의 일치 자질이 일치 목표(target)의 일치 자질을 결정한다."는 주장에 문제가 있음을 알 수 있다.

이 연구의 목적은 이탈리아어의 미명세 / 무표 일치는 핵의 일치 자질이 지정어 사리나 부가어 자리에 나타나는 요소에 복사되는 것이 아니라 서로의 자질 점검을 통해서 쌍방향적인 일치를 이룬다는 것을 주장하고 제약 기반 문법인 HPSG(Head – driven Phrase Structure Grammar)를 통해서 일치 관계를 설명하는 데 있다.

1. 일치 개념 및 이론적 배경

1.1. 일치 개념

일치에 대한 개념 정의 및 일반적인 일치 규칙 그리고 이론적 배경을 보기로 하자. 흔히 일치는 두 개의 문법적 요소에 동일한 범주가 명시될 때 이 두 문법적 요소는 일치한다고 한다. 일치에 대한 정의는 아래와 같다.

(1)

a. The term agreement commonly refers to some systematic covariance between a semantic or formal property of one element and a formal property of another. Asher(1994: 55)

b. Agreement holds between a relational category a, the target, and a nominal category b, the source, when category a exhibits (pro)nominal features that are dependent on the form or interpretation of the nominal b. Barlow(1992: 5)

Asher(1994)는 일치는 의미적, 형태적 자질이 다른 요소의 자질과 규칙적인 공변동을 보인다고 보았으며, Barlow(1992)는 명사류와 한정사, 형용사, 그리고 동사 사이에서 보이는 일반적인 의존적인 일치를 제한하고 있다. 위에서 나타난 바와 같이 서로 다른 두 요소가 의미적 혹인 형태적인 자질이 규칙적으로 동일한 값을 가질 때 일치한다고 보고, 이 연구에서는 일치에 대한 개념적 정의는 더 이상 하지 않기로 하겠다.

1.2. 이론적 배경

일치를 제한하는 요소를 통제자(controller)[1]라고 부르고 있으며, 일치에 의해서 제한되는 요소를 목표라고 부르고 있다. 일치가 일어나는 통사적인 환경은 일치의 영역(domain)이다. 그리고 일치에 관계하는 자질로는 성, 수, 인칭, 격이 있다.

일반적으로 일치는 방향성(directionality)과 관련되어 있다는 것이 직관적인 견해이다. 예를 들어서 Giovanni ride '죠바니가 웃는다.'라는 표현은 Giovanni가 3인칭, 단수이기 때문에 ride가 3인칭, 단수 자질을 가진다고 본다. 이러한 직관력을 반영하는 이론 중에 하나가 자질 명세 복사 이론이다. Giovanni가 통제자이고 ride가 목표

---

1) Barlow(1992)는 통제자라는 용어 대신에 Source라는 용어를 사용하고 있다.

가 되어 Giovanni의 자질이 ride의 자질에 일치된다.

통제자의 자질이 목표에 복사된다는 이론으로 몇 가지 문제점이 있다. 이탈리아어처럼 주어가 생략될 수 있는 대명사성 탈락어(pro - drop language)는 통제자가 나타나지 않기 때문에 목표에 자질을 복사할 수 없고, 통제자의 모든 자질이 목표의 자질과 일치되는 것은 아니다. Giovanni ride라는 표현은 Giovanni가 3인칭, 단수, 남성이고 ride는 3인칭, 단수 자질만을 가지고 있다. 그리고 통제자의 자질과 목표의 자질이 서로 맞지 않는 경우도 있기 때문이다.

2. 이탈리아어의 일치 현상

이탈리아어에 나타나는 일치 현상을 설명하기 위해서 먼저 일치 자질을 살펴보기로 하겠다. 일치 자질은 보통 성(gender), 수(number), 인칭(person) 그리고 격(case)으로 언급되고 있다. 이러한 일치 자질 중에서 이탈리아어에서 나타나는 일치 자질은 성, 수, 인칭이다. 격 자질이 이탈리아어의 일치 자질에서 빠진 이유는 격이 표시되는 언어가 아니기 때문이다. 다시 말해서 격 자질이 어휘적으로 또는 외현적으로 나타나지 않기 때문이다. 일반적으로 일치 과정은 형태 - 통사적으로 요구되며, 자의적으로 할당된 일반 명사의 형태 - 통사적인 성과 수의 자질과 일치된다. 예를 들면, 명사구 내에서 한정사(determinative), 소유사(possessive), 몇몇 종류의 양화사(quantifier) 그리고 속성 형용사(attributive adjective)는 명사와 성

과 수에서 일치를 보이고 있다. 명사구 내에서 성과 수의 일치례는
아래와 같다.

(2) Questo nuovo libro.

　　 this(sg, m) new(sg, m) libro(sg, m)2)　　➛ 이 새 책.

위에서 언급된 예는 이탈리아어가 통사적인 성질을 가진 언어이
며, 일반 명사에 대해서는 특정한 성이 할당된다는 것을 보여주고
있다. libro는 형태－통사적으로 남성이라는 표지(－o)를 갖고 있다.
　문장 단위에서 주어와 일치하는 요소로는 본동사, 보조 동사, 서
술적 형용사 등이 있고, 목적어와 일치하는 요소로는 서술 형용사
와 형용사적 첨가어(adjective adjunct) 등이 있다.

2.1 성

　성 일치는 폭넓게 일어나는 현상이다. 형용사는 성이 핵어 명사
와 일치된다. 성은 크게 자연성(natural gender)과 문법성(grammatical
gender)으로 나눌 수 있다. 아래의 예에서 인칭 대명사(Francesca,
Mario, Lucia)와 일반 명사(marito)는 자연성을 갖는 예이다. 위의 예
문에서 libro와 같은 일반 명사는 문법성을 갖는 경우이다.

---

2) 다음과 같은 기호를 사용하기로 한다. 1, 2, 3은 각각 인칭을 나타낸다. sg는 singular(단
　수), pl은 plural(복수), m은 masculine(남성), f는 feminine(여성)을 의미한다. 그리고 u는
　underspecification(미명세)를 의미한다.

(3)

a. Francesca è stanca.

Francesca(3, sg, f) is(3, sg) tired(sg, f)

→ 프란체스카는 피곤하다.

b. Mario è bravo.

Mario(3, sg, m) is(3, sg) good(sg, m)   → 마리오는 훌륭하다.

c. Lucia e suo marito sono brasiliani.[3]

Lucia(3, sg, f) and her(3, sg, m) husband(sg, m) are(3, pl) brazilians(pl, m)

→ 루치아와 그녀의 남편은 브라질 사람들이다.

형용사는 명사와 일치하여 형태가 선택된다. (3a)에서 stanca는 형용사가 여성 인칭 명사 Francesca에 의해서, (3b)의 bravo는 남성 인칭 명사 Mario에 의해서, (3c)의 brasiliani는 명사구 Lucia e suo marito에 의해서 각각 선택된 것이다. 이탈리아어에서는 성이 남성과 여성 둘로 나타난다.

2.2 수

수 일치는 한정사 – 명사 일치 현상이나 형용사 – 명사 일치 현상으로 흔히 나타나고 있다. 또한 (6)의 예에서처럼 주어 – 술어 일치

---

3) 남성 명사와 여성 명사가 명사구를 이룰 때 대표성은 남성이다. 예를 들어 Lucia e suobmarito sono braslilane.는 비적격문이다. 이유는 형용사인 brasiliano가 대표성인 남성 복수형 (brasiliani)이 아닌 여성 복수형(brasiliane)으로 나타났기 때문이다.

에서도 나타나고 있다. 명사구 내의 일치를 보기로 하자.

(4)

a. I libri.

the(pl, m) books(pl, m)　　　→ 책들.

b. La macchina nuova.

the(sg, f) car(sg, f) new(sg, f)　→ 새 차.

c. Le macchine nuove.

the(pl, f) cars(pl, f) new(pl, f)　→ 새 차들.

위에서 정관사 I는 명사 libri가 남성 복수이기 때문에 남성 복수 형태로, 형용사 nuova는 명사 macchina가 여성 단수이기 때문에 여성 단수 형태로, 그리고 nuove는 macchine가 여성 복수이기 때문에 여성 복수 형태로 일치를 보이는 경우이다.

2.3 인칭

이탈리아어에서 인칭은 1, 2, 3인칭, 단/복수 체계를 갖추고 있다. 아래의 (5a)는 tu가 단수 2인칭이므로 동사가 canti(단수 2인칭)로 일치된 경우이며, (5b)는 noi가 복수 2인칭이므로 동사가 andia-mo(복수 1인칭)로 일치된 예이다.

(5)

a. Tu canti benissimo.

   You(2, sg) sing(2, sg) very well

   ➤ 너는 노래를 아주 잘한다.

b. Noi andiamo via domani.

   We(1, pl) go(1, pl) away tomorrow

   ➤ 우리는 내일 사라질 것이다.

(6)

a. Tu ed io non andiamo d'accordo.

   You and I not agree(1, pl) with

   ➤ 너와 나는 의견이 일치되지 않는다.

b. Noi e loro litighiamo spesso.

   We and they fight(1, pl) often

   ➤ 우리는 종종 싸운다.

c. Voi e i Rossi non potete venire.

   You and the Rossi's not can come.

   ➤ 너와 Rossi 부부는 올 수 없을 것이다.

(5a)에서 2인칭 단수 명사 Tu가 동사 cantare의 2인칭 단수 형태 canti와 일치되고 있고, (5b)에서 1인칭 복수 명사 Noi가 동사 andare의 1인칭 복수 형태 andiamo와 일치되고 있다. 그리고 (6a)는 Tu와 io가 있을 때 동사의 굴절이 NP(명사구)인 'Noi'와 일치되어 복수 1인칭이 되는 예이고, (6b)는 Noi와 loro가 있을 때 Noi와

litigare의 litighiamo가 1인칭 복수 형태로 일치되고 있고, 그리고 (6c)는 Voi와 i Rossi가 있을 때 Voi와 동사 potere의 potete가 2인칭 복수 형태로 일치되고 있다. (5)과 (6)의 예들을 통해서 알 수 있는 것은 의미적인 일치를 보인다는 사실이다.

3. 미명세 일치

최근에 들어서 명사구 대신에 한정사구라는 용어가 사용되고 있다. 이론에 따라서 한정사구를 받아들이는 곳이 있는가 하면 받아들이지 않는 곳도 있다. 한정사구에서 핵이 한정사인데 부가어인 명사가 한정사의 일치 자질을 결정한다면 약간 의아해할 것이다. 그리고 관사와 같은 한정사의 일치 자질이 명사의 일치 자질을 결정한다면 한정사가 내재적으로 일치 자질을 갖고 있느냐가 문제가 될 것이다. 왜냐하면 일치 자질은 명사가 가지고 있고, 관사와 같은 한정사의 일치 자질은 명사에 의해서 결정된다는 생각이 지배적이기 때문이다.

한정사구 또는 명사구로 미명세 일치를 한정시키고, 이때 나타나는 형용사의 형태-통사적인 현상을 보기로 하자. 이탈리아어 사전에 등재된 형용사의 어미는 -o, -e, -ista 등으로 되어 있다. 굴절 어미가 -o로 끝나는 형용사는 한정사구 내의 다른 요소의 성, 수, 인칭에 따라서 일치 형태가 변한다.

(7)

a. un uomo straniero

a(*3*, *sg*, *m*) man(*3*, *sg*, *m*) foreigner(*3*, *sg*, *m*)

[illegible]José 한 외국 남자

b. dei uomini stranieri

some(*3*, *pl*, *m*) men(*3*, *pl*, *m*) foreigner(*3*, *pl*, *m*)

'외국 남자들'

(8)

a. una ragazza straniera

a(*3*, *sg*, *f*) girl(*3*, *sg*, *f*) foreigner(*3*, *sg*, *f*)

➙ 한 외국 소녀

b. delle ragazze straniere

some(*3*, *pl*, *f*) girl(*3*, *pl*, *f*) foreigner(*3*, *pl*, *f*)

➙ 외국 소녀들

(7)과 (8)의 예문에서 straniero는 부가어이다. 이 예문에서 알 수 있듯이 명사가 남성 단수일 때는 무표화된 형태로 straniero로 일치되지만(7a), 남성 복수일 때는 유표화된 형태로 stranieri로 일치된다 (7b). 또한 여성 단수 명사와 일치될 때는 (8a)처럼 straniera 형태로 일치되고, 여성 복수 명사일 때는 (8b)처럼 straniere 형태로 일치되고 있다.

(9)

a. un ragazzo inglese

a(*3, sg, m*) boy(*3, sg, m*) English(*3, sg, u*)

→ 한 영국 소년

b. dei ragazzi inglesi

some(*3, pl, m*) boy(*3, pl, m*) English(*3, pl, u*)

→ 약간의 영국 소년들

(10)

a. una ragazza inglese

a(*3, sg, m*) girl(*3, sg, m*) English(*3, sg, u*)

→ 한 영국 소녀

b. delle ragazze inglesi

some(*3, pl, m*) girl(*3, pl, m*) English(*3, pl, u*)

→ 약간의 영국 소녀들

－e형 형용사는 성 구분 없이 사용할 수 있는 형용사이다. 성 구분 없이 사용할 수 있다는 것은 일치 자질 중에서 성의 자질이 결여되어 있거나 미명세되어 있다는 의미이다.

(11)

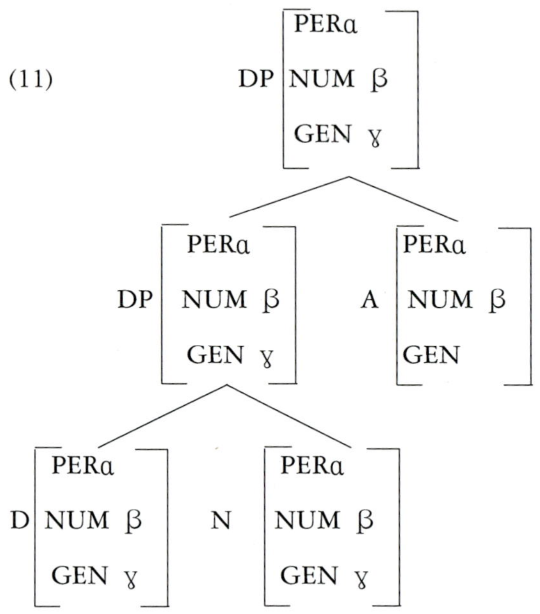

    −e형 형용사는 성이 미명세되어 값(value)이 비어 있다. 이 미명
세된 값이 통합(unification)에 의해서 일치된다.

    형용사가 성에 대해서 미명세된 값을 가진 것처럼 명사도 성에
대해서 미명세를 가진 경우와 수에 대해서 미명세를 가진 경우가
있다. 성에 대해서 미명세를 가진 명사는 −ista 형으로 형용사로도
사용된다.[4] 수에 대해서 미명세를 가진 경우는 단수와 복수가 같은
경우이다. 단수와 복수가 같은 명사는 주로 마지막 모음에 강세가
있어서 형태적으로 단수, 복수를 구분할 수 없는 경우(università,
città, tè 등)나 어미가 −i 형태로 단수와 복수를 구분할 수 없는
경우(ipotesi, analisi, oasi 등)이다.

---

4) autista, artista, elettricista, dentista, farmacista, giornalista, musicista, oculista, egoista,
pianista, turista, ottimista, pessimista 등.

(12)

a. questo pianista

this(*3*, *sg*, *m*) pianist(*3*, *sg*, *u*)　→ 이 (남자) 피아니스트

b. questa pianista

this(*3*, *sg*, *f*) pianist(*3*, *sg*, *u*)　→ 이 (여자) 피아니스트

(12) 예문에서 pianista는 자연성 또는 지시체(referent)가 갖는 성에 따라서 지시 형용사인 questo의 형태가 굴절이 된다고 가정할 수도 있다. 이런 가정하에서 INDEX가 갖는 값이 복사되어 일치를 이룬다고 설명할 수도 있을 것이다. 그러나 이탈리아어에는 pianista 처럼 자연성을 가진 단어도 있지만 아래 (12), (13)에서처럼 문법성을 가진 단어도 있다.

(13)

a. questa università

this(*3*, *sg*, *f*) university(*3*, *u*, *f*)　→ 이 대학

b. queste università

this(*3*, *pl*, *f*) university(*3*, *u*, *f*)　→ 이 대학들

(14)

a. questa analisi

this(*3*, *sg*, *f*) analysis(*3*, *u*, *f*)　→ 이 분석

b. queste analisi

this(*3*, *pl*, *f*) analysis(*3*, *u*, *f*)　→ 이 분석들

(12)의 예문에서 pianista는 성이 미명세되어 있고, (13)과 (14)의 예문에서 università, analisi는 수가 미명세되어 있다. 이들을 AVM 으로 나타내면 각각 아래와 같다.

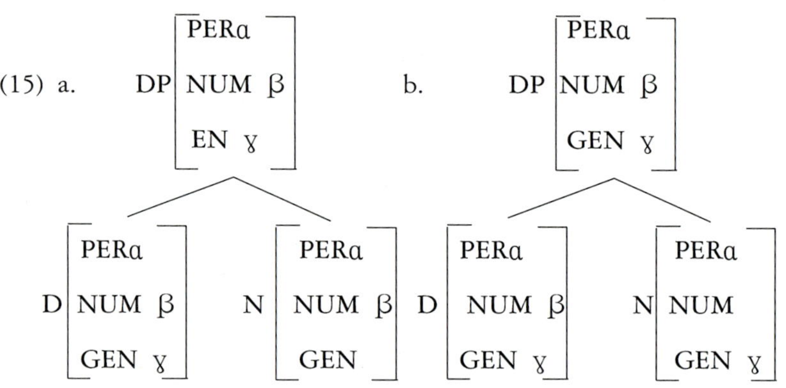

앞에서 언급한 것처럼 성에 대해서 미명세를 갖는 형용사와 명 사가 한정사구를 이룰 때는 어떻게 될까 생각해 볼 수 있다. 그러 나 그러한 예문은 존재하지 않는다.

(16)

a. *pianista inglese

pianist(*3*, *sg*, *u*) English(*3*, *sg*, *u*)

b. pianisti inglesi

pianist(*3*, *pl*, *m*) English(*3*, *pl*, *u*)

→ 영국인 (남자) 피아니스트들

c. pianiste inglesi

pianist(*3*, *pl*, *f*) English(*3*, *pl*, *u*)

➤ 영국인 (여자) 피아니스트들'

(16a)와 같은 구문에 부정 관사나 정관사와 같은 다른 한정사가 사용되지 않는 한 항상 비문이다. 그러나 복수 표지자가 나타난 (16b)나 (16c)는 항상 정문이다.

(16b)나 (16c)의 예문은 한정사가 없을 때 한정사가 없는 구를 한정사구라고 보아야 하는가 아니면 명사구라고 보아야 하는가? 한정사가 나타나지 않았지만 한정사구로 본다면 문장에서 나타나지 않는 한정사가 일치 자질을 가지고 있어 부가어인 명사와 일치를 이룬다는 주장을 할 수 있는데, 과연 이러한 가정이 논리적으로 가능하며, 직관적으로 받아들여질 수 있는가가 문제이다. 그리고 한정사가 나타나지 않았을 때는 명사구라고 본다면, 한정사구일 때는 한정사가 핵이어서 한정사의 일치 자질이 부가어인 명사의 일치 자질에 복사되고, 명사구일 때는 명사가 핵이어서 명사의 일치 자질이 형용사와 같은 부가어의 일치 자질에 복사된다는 가정이 가능한가가 문제이다.

이 연구에서는 일치 자질을 갖는 개개의 요소는 일치 자질을 갖는 것으로 가정하고 있다. 개개의 일치 자질을 갖는 요소들이 통합될 때 일치 값이 같지 않을 때는 비문이 되고, 같을 때는 정문이 된다. 일부 자질이 미명세일 때는 통합될 때 보충되어 일치 값을 갖게 된다.

4. 무표 일치

이탈리아어의 조상어인 라틴어에는 남성, 여성, 중성으로 성이 구분되었으나, 오늘날 이탈리아어에는 남성, 여성 두 성이 있다. 이 두 성 중에서 남성이 대표성을 갖는 언어이다. 예를 들면 남성과 여성이 섞여 있지만 항상 대표성은 남성이다.

이탈리아어의 조동사는 영어의 조동사처럼 뒤에 나오는 동사의 형태를 결정한다. 서법 동사 뒤에는 원형 동사가 나타나고(17a), 수동 조동사 뒤에는 수동 분사가 나타나고(17b) 그리고 진행상 조동사 뒤에는 진행형(17c)이 나타난다.

(17)

a. *Voglio* cambiare vita.

   I – want change life   ➤ 나는 인생을 바꾸고 싶다.

b. Quella casa è stata costruita in sei mesi.

   that house is been constructed in 6 months

   ➤ 저 집은 6개월 만에 지어졌다.

c. *Stava* lavorando.

   He / She – was working   ➤ 그 / 그녀는 작업 중이었다.

위의 예에서 알 수 있는 것은 보충어의 형태는 조동사에 의해서 결정된다. 그러나 (18)의 예에서 볼 수 있듯이 과거 분사라는 형태 이외에도 다른 요소가 문장의 적격성 판단에 관여함을 알 수 있다.

(18)

a. Piero ha / *è mangiato con noi.

Piero has / *is eaten with us

→ 피에로는 우리랑 식사를 했다.

b. Piero ha / *è voluto questo libro.

Piero has / *is wanted this book

'피에로는 이 책을 원했다.'

c. Piero *ha / è venuto con noi.

Piero *has / is come with us

→ 피에로는 우리와 함께 왔다.

일반적으로 타동사는 시상 조동사 avere를 선택하고, 절대 이동 동사는 시상 조동사 essere를 선택한다. (18a)에서 mangiare '먹다'는 타동사이기 때문에 시상 조동사 avere를 취했을 때는 정문이지만 시상 조동사 essere를 선택했을 때는 비문이 된다. (18b) 역시 volere '원하다'가 어휘 동사로 사용되었을 때 타동사이므로 avere를 취했을 때는 정문이지만 essere를 선택했을 때는 비문이 된다. 그리고 (18c)는 venire '오다'가 절대 이동 동사는 시상 조동사 essere를 요구하므로 avere일 때는 비문이 된다. (18)의 예는 시상 조동사가 과거 분사의 형태를 보충어로 요구하지만 과거 분사는 그 동사가 속해 있는 동사의 부류에 따라서 특정한 시상 조동사를 요구한다는 결론에 이른다. 그러나 서법 조동사가 시상 조동사와 본동사 사이에 나타났을 때는 다른 결과를 낳는다.

(19)

a. Piero ha / *è voluto mangiare con noi.

Piero has / *is wanted to eat with us

→ 피에로는 우리와 함께 먹기를 원했다.

b. Piero ha / è voluto venire con noi.

Piero has / is wanted to come with us

→ 피에로는 우리와 함께 오기를 원했다.

(19b)에서 venire가 절대 이동 동사이기 때문에 시상 조동사 essere를 요구하고 avere를 택했을 때는 비문이 될 것이라 예상하겠지만 정문이다. 이는 (19)처럼 이탈리아어의 서법 동사는 본동사로 사용 가능하기 때문이다.

(20)

a. Ti *devo* diecimila lire.

you(CL) I – must ten thousands lire.

→ 나는 네게 만 리라 갚아야 한다.

b. *Vorrei* un caffè.

I – want a coffee. → 나는 커피 한 잔 마시고 싶다.

(21)

a. Ti ho *dovuto* diecimila lire.

you(CL) I – have must$_{psp}$ ten thousands lire.[5]

---

5) psp는 과거 분사(past participle)의 약호이다. 이 약호를 사용한 것은 영어에서 서법 조동사는 과거 분사가 없기 때문이다.

➤ 나는 네게 만 리라 갚아야 했다.

b. Ho *voluto* un caffè.

I – have wanted a coffee.

➤ 나는 커피 한 잔 마시고 싶었다.'

(21)의 예에서처럼 서법 동사가 본동사로 사용되었을 때 시상 조동사 avere를 취하고 있다. 그래서 (19b)에서 ha voluto가 가능한 것은 volere의 과거 분사가 타동사이기 때문이고, è voluto가 가능한 것은 서법 조동사 다음에 나오는 venire '오다 / 가다'가 절대 이동 동사로 시상 조동사 essere와 결합할 수 있기 때문에 정문이다. 그러나 절대 이동 동사라고 해서 항상 시상 조동사 essere와 결합할 수 있는 것은 아니다.

(22)

a. Ho / *Sono dovuto **PARTIRE**.

I – have / *am mustpsp leave   ➤ 나는 떠나야만 했다.

b. Non hai / *sei voluto **VENIRE**.

not you – have / *are wanted come

➤ 너는 오기를 원하지 않았다.

(22)의 문장은 굵은 체로 된 부분에 초점을 두어 발화를 한 경우인데 (19b)와는 또 다른 결과를 낳는다. (19b)가 avere를 취하던 essere를 취하던 정문인 것처럼 (24a, b) 문장이 essere를 취할 거라

예상하겠지만 essere와는 사용할 수 없다. 최근에 최소주의 이론 (minimalist theory)에서처럼 FocP가 있으면 시상 조동사 avere를 취한다고 새로운 가정을 할 수도 있을 것이다.

(23)

a. Perché non sei venuto ieri?

why not you – are come yesterday?

➝ 왜 어제 오지 않았니?

b. Non ho potuto.

not I – have can$_{psp}$　　➝ 나는 할 / 올 수가 없었다.

c. Non sono potuto venire.

not I – am can$_{psp}$ come　　➝ 나는 올 수가 없었다.'

(24)

a. L'ho invitato a venire con noi, ma non ha voluto.

him(CL) I – have invited to come with us, but not (he) has wanted

➝ 우리랑 함께 가자고 내가 그를 초대했지만, 그는 원하지 않았다.

b. L'ho invitato a venire con noi, ma non è voluto venire.

him(CL) I – have invited to come with us, but not (he) is wanted come

➝ 우리랑 함께 가자고 내가 그를 초대했지만, 그는 가기를 원하지 않았다.

(23b)와 (24a)는 본동사 venire '오다 / 가다'가 생략된 구문이고,

(25c)와 (2hb)는 본동사가 생략되지 않은 구문이다. (23b)와 (24a)의 구문은 더군다나 초점 구문도 아니다. 이것을 최소주의 이론에서 설명하는 것처럼 FocP로 간주한다면 초점이 일어나지도 않았는데 FocP로 간주했다는 것이 문제이고 LF에서 자질이 지워지지 않기 때문에 비문이어야 맞다. 그러나 정문이다. 여기에서 제시할 수 있는 해결책은 서법 조동사가 무표화된 형태(unmarked form)로 시상 조동사 avere를 취한다는 것이다. 시상 조동사 avere를 취할 수 있는 이유는 서법 동사가 어휘 동사로 사용될 때 avere를 취할 수 있기 때문이다.

지금까지 다루었던 무표 일치에 관한 논의에서 시상 조동사가 과거 분사의 형태를 보충어로 요구하지만 과거 분사는 그 동사가 속해 있는 동사의 부류에 따라서 특정한 시상 조동사를 요구한다는 결론에 달한다. 일치 자질이 어느 한쪽에서 다른 쪽에 영향을 일방적으로 준다기보다는 일치가 서로 일치 자질을 점검한다는 결론에 이른다.

5. 결 론

일치는 통제자의 일치 값이 복사되어 목표의 일치 값과 일치된다는 것이 일반적인 견해이다. 그러나 이 연구에서 이탈리아어의 미명세 일치는 통제자의 일치 값이 목표의 일치 값과 일치된다는 견해에 문제가 있음을 미명세된 형용사와 명사를 통해서 지적했다.

그리고 무명세 일치에서는 시상 조동사가 과거 분사의 형태를 요구하지만 과거 분사는 그 동사가 속해 있는 동사의 부류에 따라서 특정한 시상 조동사를 요구한다는 것을 밝혔다. 따라시 이탈리아어의 미명세 / 무표 일치는 핵의 일치 자질이 지정어 자리나 부가어 자리에 나타나는 요소에 복사되는 것이 아니라 서로의 자질 점검을 통해서 쌍방향적인 일치를 이룬다는 것을 주장하였으며, 제약 기반 문법인 HPSG(Head – driven Phrase Structure Grammar)를 통해서 일치 관계를 설명하였다.

Ⅴ. 이탈리아어 강형태 대명사의 재조명: 접어 현상을 중심으로

김운용(2007), "이탈리아어 강형태 대명사의 재조명: 접어 현상을 중심으로", 『이탈리아어문학 20집』, 한국이어이문학회.

Ⅴ. 이탈리아어 강형태 대명사의 재조명 : 접어 현상을 중심으로*

이탈리아어에서 접어란 이탈리아어 전통 문법에서 흔히 직접 목적 대명사의 약형태, 간접 목적 대명사의 약형태, 다양한 형태의 si (비인칭, 재귀사, 수동화 등)과 부사류 ci와 vi 그리고 부분 대명사 ne 등으로 언급되고 있으며, 이탈리아어에서 숙주어는 동사이며, 형태 통사적으로 흔히 시제가 있는 동사 앞에 떨어져서 나타나고, 시제가 없는 동사(분사, 제룬디오, 명령법 2인칭 단수 / 복수, 원형 동사) 뒤에 달라붙은 형태로 나타난다고 설명하고 있다. 현대 언어학에서 접어를 독립적인 단어로 보아야 되느냐 아니면 굴절 접사 (inflectional affix)로 보아야 되느냐 하는 것은 접어에 관한 연구에서 중요한 관심사이다. 굴절 접사로 보면 접어 현상을 두루 설명하기는 편한 면이 있지만 통사적으로 접어가 수식받는 현상을 설명하기란 그리 쉽지는 않다. 왜냐하면 접어에 관련된 논문이 아닌 다

* "이 논문은 2006년 한국학술진흥재단의 제2차 BK21 사업에 의하여 지원 연구되었음."

른 논문이나 출판물에서 굴절 어미가 다른 요소에 의해서 수식을
받는다는 글을 보지 못하기 때문이다. 이 연구에서는 접어를 형태
통사론적인 방법으로 설명하고자 한다. 이를 위해서 Anderson
(1992:202)이 언급한 접어의 위치와 Zwicky와 Pullum(1983:503f)이
사용한 접어와 접사를 구별하기 위한 테스트, Zwicky(1985)가 사용
한 접어와 굴절 접사의 테스트, 그리고 Taylor(1995 2nd edition)의
어미의 특성 등을 사용해서 접어를 분류할 것이며, 이탈리아어의
대명사와 기존 접어를 재분류할 것이다.

1. 접어와 기존 연구

1.1. 접어의 개념

접어는 Zwicky & Pullum(1983)과 Zwicky(1985)에 의하면 넓은
의미로 굴절 어미의 특성과 독립적인 단어의 특성을 동시에 가지
고 있는 문법 단위를 포괄적으로 지칭하는 용어이다.

(1)

a. Clitics: Grammatical units with some properties of inflectional
   morphology and independent words(Zwicky & Pullum 1983,
   Zwicky 1985)

b. (Inflections) – Phrasal Affixes – Bound words – Quasi clitics / Leaners - (Words)(Nevis 1986)

Nevis(1986)는 포괄적인 의미의 접어를 다음과 같이 세 종류로
세분화하고 있다. 구접사(phrasal affix)는 굴절 어미와 비슷한 성격
을 가지고 있지만 음운론적으로 단어의 가장자리가 아니라 구의
가장자리에 나타난다. 결속어(bound word)는 전형적인 접어로 통사
적으로는 독립 단어로 취급되며 다른 형태(formatives)와 결합한다.
유사 접어(quasi clitic) 또는 의존어(leaner)는 음소론적으로 독립적인
강세를 가지고 있지 못하고, 다른 단어에 기대어 발화되며, 비성절
적(non - syllabic)이다.

1.2. 단어, 접어, 어미 구분

Zwicky & Pullum(1983)은 접어와 어미를 구분하기 위해서 몇 가
지 기준을 제시하는데 정리하면 아래와 같다. 접어는 숙주어(host)
선택에 제약이 적으며, 숙주어와 조합할 때 자의적인 공백이 많지
않으며, 형태론적·의미론적인 특이성이 적으며, 또 다른 접어와
결합할 수 있다. 반면에 어미는 어간 선택에 제약이 많으며, 단어
와 결합할 때 접어보다는 자의적인 공백이 많고 형태론적·의미론
적인 특이성이 많으며, 접어 다음에 붙을 수는 없다. 그리고 접어
연속체는 통사 규칙에 영향을 받지 않지만 어미가 붙은 단어는 영
향을 받는다.

다음은 Zwicky(1985)가 접어와 독립 단어를 구분하는 기준을 정

리하면 아래와 같다. 접어는 홀로 설 수 없고, 다른 접어와 결합할 수 있으며, 인접하는 요소와의 어순이 고정되어 있다. 반면에 단어는 독립적으로 사용될 수 있고, 다른 단어나 구와 결합할 수 있으며, 인접한 단어와 결합이 비교적 자유로우며, 분포를 하나의 원리로 설명하는 데에 어려움이 있고, 형태론적으로 복잡한 구조를 가질 수 있다. 그리고 일부의 굴절 어미가 더 이상의 다른 어미가 결합하지 못하도록 하는 기능이 있는 것과 마찬가지로 접어 결합을 할 수 없도록 하는 요소도 접어이다.

Taylor(1995 2nd edition)는 단어, 어미, 접어를 구분하기 위한 속성을 제시하는데 그중에서 어미의 특징에 대해서 보면 다음과 같다. 어미는 자신이 결합하는 어간과는 독립적으로 나타나지 않으며, 어간과 어미 사이에 휴지가 들어갈 수 없으며, 일반적으로 강세도 들어갈 수 없다. 어미는 자신이 일부분이기도 한 단어의 음운 형태에 통합되며, 어간에 의해서 어미의 음운적 형태가 영향을 받을 수 있다. 그리고 어미는 그들이 결합되는 어간의 종류에 까다로운 선택을 보이며, 어미는 어간 주위로 이동할 수 없다.

위에서 언급되지 않았던 기준으로 피수식 가능성과 대용 가능성이 있다. 접어는 통사적으로 하나의 단어이기 때문에 자체적으로 수식을 받을 수 있지만 어미는 단어의 일부이기 때문에 피수식의 대상이 될 수 없다. 마찬가지로 선행사 – 대용어 관계에서 접어는 대용어 역할을 할 수 있지만 단어의 일부인 어미는 대용어로서의 역할을 할 수 없다. 비독립적인 어떤 연쇄체가 수식을 받을 수 있거나 대용어로 쓰일 수 있다면 어미라기보다는 접어로 분석이 되어야 할 것이다. 지금까지 언급한 것을 정리하면 아래의 도표와 같다(김운용 1999, 2000).

(2)

	분석	단어	접어	어미
음운적 기준	휴지에 의한 분리	가능	불가능	불가능
	강세	가능	불가능	가능
형태적 기준	자의적 공백 가능성		낮음	높음
	조합 가능성	높음	매우 높음	낮음
	어순 제약	낮음	매우 낮음	매우 높음
통사적 기준	독립성	매우 높음	낮음	없음
	어순 변화 및 생략	가능	낮음	불가능
	피수식 가능성	매우 높음	높음	불가능
	대용어	가능	가능	불가능

1.3. 이탈리아어 접어 구분

Monachesi(1993a, 1993b, 1994, 1995)는 형태론적인 분석 방법을 사용해서 이탈리아어의 접어를 굴절 어미로 다루었지만, 김운용 (1999, 2000)은 통사론적인 분석 방법을 사용해서 접어의 지위가 다르므로 달리 분석해야 된다고 주장했으며, 접어의 종류를 아래와 같이 세 종류로 구분하였다.

(3)

a. 어미 성질의 접어: 내재 재귀사 접어, 능격 접어, 중간태 접어[6]

b. 단어 성질의 접어: 직접 목적 접어, 간접 목적 접어, 재귀사

---

6) 여기에서 내재 재귀사 접어는 대명 자동사와 결합하는 접어를, 중간태 접어는 수동화 접어를 각각 일컫는다.

접어, 비인칭 주어 접어, 부분 대명사 접어, 장소 부사 접어[7]

c. 구 성질의 접어: *loro*

2. 대명사의 일반적인 속성

전통 문법에서 대명사(lat. pronomen 'che sta al posto del nome')
는 명사를 대신해서 사용할 수 있는 품사로 분류되었으며, 통사적
인 자질과 의미적인 기능을 가진 것으로 간주되었다. 보통 대명사
라고 하는 것은 명사구를 지시하는 것으로 보는 견해가 일반적이
다. 대명사는 일반적으로 독립된 품사로 분류되기도 하고, 명사의
하위 범주로 구분되기도 한다. 대명사가 명사의 하위 범주로 구분
되는 가장 큰 이유 중에 하나는 명사의 속성을 가지고 있기 때문이
다. 명사는 일반 명사, 대명사, 고유 명사 등으로 분류될 수 있다.

(4)

a. Il direttore è arrivato poco fa.

the manager is arrived a little while ago

→ 매니저가 조금 전에 도착했다.

b. Lei è arrivata poco fa.

She is arrived a little while ago

→ 그녀가 조금 전에 도착했다.

---

7) 여기에서 단어 성질의 접어는 통사상의 단어를 말한다. 물론 음운론적으로는 단어가 아니다.

c. <u>Susanna</u> è arrivata poco fa.

Susanna is arrived a little while ago

→ 수잔나가 조금 전에 도착했다.

(4a)는 일반 명사 구문이고, (4b)는 대명사 구문이고, (4c)는 고유 명사 구문이다. 다음은 문장에서 명사들이 어떻게 사용되고 있는지를 보기로 하자.

(5)

a. <u>Il direttore / Giovanni</u> è arrivato tardi.

the manager / Giovanni is arrived late

→ 매니저 / 죠반니가 늦게 도착했다.

b. Ho incontrato <u>il direttore / Giovanni</u> per la strada.

I – have met the manager / Giovanni on the street

→ 나는 거리에서 매니저 / 죠반니를 만났다.

c. E' <u>il direttore / Giovanni</u> che ho incontrato per la strada.

It – is the manager / Giovanni that I – have met on the street

→ 내가 거리에서 만났던 매니저 / 죠반니이다.

일반 명사와 고유 명사가 (5a)에서는 주어, (5b)에서는 목적어, 그리고 (5c)에서는 분열문(frase scissa) 술어로 각각 사용되는 경우이다. 대명사도 일반 명사나 고유 명사처럼 주어, 목적어 그리고 술어로 사용될 수 있다.

(6)

a. <u>Lui</u> è arrivato tardi.

   He is arrived late　　→ 그가 늦게 도착했다.

b. Ho incontrato <u>lui</u> per la strada.

   I – have met him on the street

   → 나는 그를 거리에서 만났다.

c. E' <u>lui</u> che ho incontrato per la strada.

   It – is him that I – have met on the street

   → 내가 거리에서 만났던 그다.

대명사는 단어 중에서 폐쇄류(categoria chiusa)를 형성하며, 대부분의 요소는 직시적(deittico)이나 대용적(anaforico)으로 사용된다.

(7)

a. <u>Io</u> amo <u>te</u>.

   I love you.　→ 나는 너를 사랑한다.

b. <u>Maria</u>ᵢ, lᵢ'ho incontrata ieri sera.

   Maria her I – have met yesterday evening

   → 나는 어제 저녁에 마리아, 그녀를 만났다.

(7a)에서 Io와 te는 발화 행위의 특정한 자질과 관계해서 해석되는 직시어이다. 앞뒤 문맥 관계가 아니라 대화를 나누는 자리에서의 관계, 즉 화용론적 상황에 따라 대명사가 쓰이는 것이다. 그들

은 각각 화자와 청자를 가리킨다. (7b)에서 la는 선행사인 Maria라
는 표현에서 해석이 유도되는 대용어이다. 이때 대명사는 선행사와
동지시적(coreferenziale)이다. 통사적으로 대명사는 명사구 구조에서
핵으로 기능한다. 그래서 넓은 의미의 명사의 부류에 속한다. 대명
사의 일반적인 속성은 아래와 같다. 대명사는 정관사, 부정 관사,
부분 관사, 지시사, 의문사, 양화사, 소유사와 같은 한정사를 허락
하지 않는다.

(8)

a. *il lui / *il lo

   the him(strong form) / the him(weak form)

b. *mio tu / *mio te

   my you(strong form) / my you(weak form)

(8a)처럼 후핵 수식어가 매우 제한적으로 사용되거나, (8b)처럼
인간을 외연으로 갖는 인칭 대명사가 통합된 관계절에 의해서 수
식을 받을 수도 있다.

(9)

a. Io, idraulico casalingo, i rubinetti in casa mia li accomodo da me.

   I, domestic plumber, the faucets at home my them fix from me

   ➡ 배관공인 나는 내 집에서 수도꼭지들을 내가 고친다.

b. Io che non ho mai amato i lunghi conversari……

I that not I – have never loved the long conversat······

   ➻ 긴 대화를 좋아해 본 적이 없던 나.

대명사는 일반적으로 내적 선핵 의존소(internal pre – head dependent)를 허락하지 않는다.

(10)

a. *<u>Arrogante lui</u> ha comprato una macchina.[8]

arrogant he he – has bought a car

   ➻ 거만한 그가 차 한 대를 샀다.

b. *Ho incontrato <u>arrogante lui</u>.

I – have met arrogant him   ➻ 나는 거만한 그를 만났다.

3. 접어 대명사

구 성질의 접어 loro를 제외하고는 이탈리아어에서 접어라고 하는 것은 약형태로 마치 대명사(직접 목적 대명사, 간접 목적 대명사, 재귀 대명사 등), 부사성 접어(vi / ci), 수동화 또는 비인칭 접어(si) 등이고, 단음절이고, 숙주어는 동사만 가능한 것처럼 여겨졌다.

---

8) 이탈리아어와 달리 한국어는 내적 선핵 의존소를 허락한다. "건방진 그가 자동차를 샀다." 또는 "나는 건방진 그를 보았다."와 같은 문장은 정문이다. 그러나 주어 또는 목적어의 수식어로 사용되는 '건방진' 관형어가 명사구 내의 요소로 고려되지는 않는다. 이러한 의미에서 한국어의 '건방진'이라는 관형어는 내적 선핵 의존소가 아니다.

그러나 접어가 몸짓 동작과 직시적인 기능을 가진 부사 ecco와도 결합된 형태가 나타나기도 한다. 여기에서 생각해 볼 수 있는 것은 기존 연구에서 언급되지는 않았지만 숙주어가 동사가 아닌 다른 종류의 품사도 가능할 수 있는지에 대해서 생각해 볼 수 있고, 약형태가 아닌 강형태가 접어로 사용되는 예나, 내용어나 기능어로 분류되어 단어로 인식되었던 단위가 접어일 가능성에 대해서 고려해 볼 수 있다. 여기에서는 대명사가 접어로 사용되는 경우, 강형태가 접어로 사용되는 경우, 그리고 숙주어가 동사가 아니고 다른 품사인 경우로 구분해서 기존에 접어로 여겨지지 않았던 요소를 접어로 보려고 한다.

3.1. 주격 접어 대명사

많은 이탈리아 북부 지방과 토스까나 지방의 일부 방언에서 주격 접어 대명사(e, t(u), e / gl / l(a), (nu), (vu), e / gl / l(e))가 사용되고 있다. 이탈리아어는 대명사성 탈락 언어여서 주어를 생략해서 사용할 수 있지만 주격 접어 대명사는 생략할 수 없다고 Wanner(1987: 419)는 밝히고 있다. 이 연구에서는 방언이든 표준어든 이미 접어라고 알려진 주격 접어 대명사를 다루려고 하는 것이 아니라 대명사로만 알려져 있는 것 중에서 접어인 대명사를 현상과 함께 소개하고자 한다.

이탈리아어에 인칭 대명사에는 io, tu, lui, lei, noi, voi, loro 이외에도 egli, ella, esso, essa, essi, esse 등이 있다. 이 중에서 주로 egli /

ella / essi는 문어체적인 표현으로 사용되지만 드물게 구어체에서 높임말로 쓰이는 경우가 있다. 그리고 esso / essa / esse는 사물이나 동물과 같은 [+animato]에 사용된다.

(11)

a. Questa è molto bella.

This is very beautiful   ➝ 이 여자는 매우 예쁘다.

b. E' molto bella.

she – is very beautiful   ➝ 그녀는 매우 예쁘다.

c. *Essa è molto bella.

she – is very beautiful

essa가 유정성인 사물과 동물에 사용될 수 있다고 언급했지만 (11c)는 문장이 비문이다. 비문인 이유는 essa가 대용적인 직시 (deissi) 기능이 없기 때문이다.

(12) Chi viene? Loro / *Essi / *Egli.

who comes? them / *them / *he

➝ 누가 오니?'   '그들 / 그들 / 그

위의 문장에서 인칭 대명사로 사용되는 loro는 동사구가 없이 또는 생략된 형태로 사용될 수 있는 음운적으로, 통사적으로 독립적인 요소이지만 essi와 egli는 기대어 사용될 수 있는 숙주어가 없어서 비문이 된다. 아래 문장 (13a)는 정문이지만, lui가 egli로 대치되면 비문(13b)이다.

(13)

a. Lui e Mario vanno a Roma domani.

   He and Mario go to Rome tomorrow

   → 그와 마리오가 내일 로마에 간다.

b. *Egli e Mario vanno a Roma domani.

   He and Mario go to Rome tomorrow

(14)

a. Egli – che non ha mai avuto a che fare con la giustizia – non è stato arrestato.

   He, that not he – has never had to that do with the justice, not he – is been arrested → 정의로도 어떻게 할 수 없었던 그는 체포되지 않았다.'

b. Essi, come tutti i dialetti, sono vere e proprie lingue.

   they, like all the dialects, are real and peculiar languages

   → 다른 모든 방언처럼 그것들은 진짜 고유의 언어들이다.

(13b)는 egli 사이에 e Mario가 있어서 숙주어인 동사와 떨어져서 비문인 것으로 보이나, (14a)는 비문이 아니다. 표면적으로 (14a, b)는 동사를 숙주어로 요구하지만, 접어와 숙주어인 동사 사이에 문장이나 구가 삽입될 수는 있지만 [[EGLI / ESSI + 접속사 + 명사구]명

사귀] 형태는 불가능하다는 점에서 다른 부류의 접어처럼 보인다. EGLI / ESSI가 숙주어로 동사를 요구하고, 숙주어와 동사 사이에 어떤 요소도 삽입될 수 없지만, (14a, b)와 같은 문장이 가능한 것은 구어에서 주로 사용된다는 점에 주의해야 한다.

3.2. 강형태의 접어 대명사

단어 성질의 접어인 직접 목적 대명사, 간접 목적 대명사, 재귀 대명사의 강형태는 음운적으로나 통사적으로 독립성이 있어서 동사가 없이 독립적으로 발화될 수 있고, 그 강형태는 대응되는 단어로 대치될 수 있는 것으로 간주되고 있다. 아래 강형태는 음운적인, 통사적인 독립성이 전혀 없어서 독립적으로 발화될 수 없다.

(15)

a. Tu ed io andremo insieme a Roma.

  you and I will – go together to Rome

  ➡ 너와 내가 함께 로마에 갈 것이다.

b. Io e te andremo insieme a Roma.

  I and you will – go together to Rome

  ➡ 너와 내가 함께 로마에 갈 것이다.'

c. *Io e tu andremo insieme a Roma.

  I and you will – go together to Rome

d. *Te e io andremo insieme a Roma.

you and I will － go together to Rome

일반적으로 (15a)와 (15b)는 정문이지 (15c)와 (15d)는 비문으로
받아들여지고 있다. (15c)가 비문인 이유는 상대방을 먼저 그리고
자신을 나중에 언급하는 사교적인 차원의 담화와 관련되었다. (15d)
가 비문인 이유는 te가 접어이고 숙주어인 동사 사이에 e io가 삽입
되어 있기 때문이다.

(16)

a. I and you will go together to Rome.

b. You and I will go together to Rome.

c. You and me will go together to Rome.

단순 명사구(*Me was having a hard time)와는 달리 접속 명사구
가 들어가 있는 대명사는 문법 기능에 관계없이 (16a, c)처럼 주격
과 대격 형태가 모두 가능하다. [[명사구＋접속사＋명사구] 명사구]
가 '가다'라는 동사의 주어지 그중에 일부만 동사의 주어가 되는
것은 아니다.

구어체에서 (17)처럼 강형태의 인칭 대명사가 주격 인칭 대명사
대신에 사용되고 있다. 그래서 강형태의 인칭 대명사가 아니라 다
른 형태 주격 인칭 대명사라는 주장이 가능하다. 그러나 이와 같은
현상이 이탈리아어에서만 나타나는 것이 아니라 영어에도 나타난
다는 것이다(16).

(17)

a. Vai te.

  go you   ➝ 너가 간다.

b. Vieni anche te.

  come also you   ➝ 너도 갈 거야.

c. Prendine un po' anche te!

  take − them(CL) a little also you

    ➝ 너도 그것들 중에 약간 가져!

d. Pensaci te, per favore.

  think − about − that you, please

    ➝ 제발, 네가 그것에 대해서 생각해 봐.

   (17)은 주격 인칭 대명사 대신에 대격 형태의 인칭 대명사가 사용되었는데, 숙주어인 동사와 대명사 사이에 다른 요소가 삽입될 수 있다는 것은 음운적으로는 독립성이 있고, 통사적으로는 독립성이 없다. 주어의 기능을 하는 대격 형태가 없더라도 (17a)와 (17d)는 비문이 아니지만, 동사가 없이 주어 기능을 하는 te가 독립적으로 사용될 수는 없다. 그러나 (17b)와 (17c)는 te를 생략하면 비문이다. 비문이 되는 이유는 anche 때문이다. 일반적으로 이탈리아어는 대명사성 탈락 언어이기 때문에 주어를 생략할 수 있지만 anche가 뒤에 있는 주어는 생략하면 비문이 된다.[9]

---

9) 한 친구가 Torno a casa(I − come to go home '나 집에 간다.')라고 하면 '나도'라고 할 때 Anch'io(too I)라고 말할 수 는 있지만 anche(too)라고만 답할 수는 없다. 이러한 현상은 이탈리아에만 나타나는 것은 아니다. 같은 답을 할 때 영어는 주어 생략 가능어가 아니지만 Me too는 가능해도 too로만 답하는 것은 불가능하다. anche나 too가 보충어로 주어에 상

계사(verbo copulativo) 구문에서도 강형태의 주어 인칭 대명사가 사용된다. 계사는 (18)처럼 동일한 격을 가져야 하지만 (19)는 주어인 명사구와 술부의 보충어인 명사구가 다른 격을 가지고 있다.

(18)

a. Sei sempre tu!

are always you   → 항상 너였어.

b. Io sono io, tu sei tu!

I am I, you are you   → 나는 나고, 너는 너야.

c. Qui il padrone sono me.

here the owner am me   → 여기 주인은 나야.

(19)

a. Tu non puoi essere me.

you not can be me   → 네가 나일 수는 없어.

b. Io non sono te.

I not am you   → 나는 네가 아니야.

c. Se io fossi te, sarei contento di partire.

If I were you, I－would－be glad to leave

→ 내가 너라면, 떠날 수 있어 기뻤을 거야.

d. Io, fossi te, ci andrei.

I, were you, there I－would－go

→ 너라면, 내가 거기에 갔을 거야.

응하는 요소를 요구하는 것으로 보인다.

(19c)에서 te 대신에 주격 형태의 tu가 사용되는 경우도 종종 볼 수 있긴 하지만 (19)의 술부의 명사구는 주어와 동사구 내에 있는 명사구가 동일한 사람이 아닌 경우이다.

강형태의 대명사는 대격이 할당되는 것으로 보이지는 않는다. 위의 예문을 통해서 알 수 있는 것처럼 형태는 강형태이지만, 동사로부터 받을 수 있는 격은 주격이다. 이들은 음운적으로 독립성이 있지만, 통사적으로는 독립성이 없는 접어이다.

3.3. 형용사가 숙주어인 접어 대명사

언어에 따라서 접어의 숙주어는 동사일 수도 있고, 명사일 수도 있고, 그리고 다른 품사일 수도 있다. 이탈리아어에서 접어는 동사를 숙주어로 요구하는 것이 일반적인 현상이지만, 형용사가 숙주어인 접어 대명사가 있다.

sventurato, fortunato, beato, povero와 같은 형용사가 제한적으로 대격 인칭 대명사와 사용된다.[10] 대명사는 일반적으로 내적 선핵 의존소(internal pre-head dependent)를 허락하지 않는다는 대명사의 일반적인 속성을 어기고 있는 것으로 보인다.

(20)

a. Sventurato me!

___

10) 영어에서는 감탄문과 같은 형식 이외에도 인칭 대명사가 사용되는 예가 나타난다. They decided it would have to be done by <u>poor old me</u>. 그리고 이탈리아어에서 Beato te!와 같은 순서 이외에도 Te beato!도 사용된다.

unlucky me → 재수 없는 나

b. Fortunato te!

fortunate you → 운이 좋은 너

c. Beato lui!

blessed him → 복받은 그 사람

d. Povero me!

poor me → 불쌍한 나

형용사는 의미적으로 제한되지는 않는다. 그리고 감탄문 형식으로 독립되어 사용될 수 있지만 주어로는 사용 가능하지 않다.

(21)

a. *Sventurato io!

unlucky I

b. *Sventurato proprio me!

unlucky just me

(21a)에서 알 수 있는 것은 대격 인칭 대명사는 정문이지만 주격 인칭 대명사는 비문이라는 것이다. 이와 같은 현상은 단지 이탈리아어에 제한되는 것이 아니라 영어에도 동일한 현상이 나타난다는 것이다.

(22)

a. Silly me!

b. *Silly I!

(21b)는 강형태의 대명사와 숙주어인 형용사 사이에 부사인 proprio가 삽입되어 비문이 되었다.

4. 맺는말

이 연구에서는 기존에 강형태의 대명사로 여겨졌던 요소가 일반 대명사와 달리 접어로 구분해야 된다는 주장을 하고 있다. 영어에서도 주격 자리에 목적 대명사의 형태가 나타나는 것을 종종 볼 수 있다. 특히 의문문(Was it me), 부정문(It wasn't me) 혹은 조건문(If it were me) 등에서 목적 대명사의 형태가 주격 자리를 차지하고 있는 것을 쉽게 접할 수 있다. 동사의 격할당과 관계해서 문장에서 반드시 주격만을 사용해야 하는 위치, 주격과 강형태의 대명사가 혼용 가능한 위치, 그리고 대격만 사용해야 되는 위치로 구분이 되는데, 주격 접어 대명사와 강형태의 접어 대명사 자리는 주격과 혼용 가능한 위치이고, 형용사가 숙주어인 접어 대명사 자리는 강형태의 접어 대명사만이 나타날 수 있다.

Ⅵ. 간접 목적 대명사 loro는 접어인가?

김운용(2008a), "간접 목적 대명사 loro는 접어인가?", 『이탈리아어문학 23집』, 한국이어이문학회.

Ⅵ. 간접 목적 대명사 loro는 접어인가?

이탈리아어의 접어는 약형(forma debole 또는 forma atonica)인 재귀 대명사, 직접 목적 대명사, 간접 목적 대명사, 부분 대명사, 장소 부사, 비인칭 주어 si, 수동화 si 등으로 단음절에 제한되어 연구되어 왔다. 최근에 들어 2음절인 loro에 대한 연구가 몇몇 학자에 의해서 진행되고 있지만 단편적인 현상에 국한되고, 접어가 가지는 여러 현상들 중에서 한두 가지로 제한됨으로써 간접 목적 대명사 loro가 접어인지 아닌지 정확하게 밝히지 못하는 경향이 있다. 이 연구는 음운론적 기준, 형태론적 기준 그리고 통사론적 기준에 의해 간접 목적 대명사 loro의 접어성에 대해서 논의하고자 한다.

Imme Kuchenbrandt, Tanja Kupisch, Esther Rinke(2005)는 loro가 접어보다는 약형이라는 용어가 선호되는 이유를 세 가지 들고 있다. 첫 번째 loro는 동사 다음에 온다. 두 번째 loro는 형식적인 문체(formal registers)로 제한된다. 세 번째 다른 접어 대명사와 달리 2음절이다. 그들이 약형이라는 명칭을 선호하는 가장 근본적인 이유는 loro가 단음절의 접어 체계에 완전히 부합되지 않기 때문이다.
따라서 이 연구에서는 loro가 접어로 보는 것이 타당한지 아니면
약형으로 보는 섯이 타당한지 검토해 보기로 하겠다.

1. 접어의 개념

이탈리아어의 접어 loro를 분석하기 위해서 접어의 개념을 보기
로 하자. 접어는 현상을 중심으로 독립적인 문법 단위로 보려는 부
류와 문법화로 인해서 단어였던 요소가 단어성을 상실하고 접어가
되는 과정으로 파악하려는 부류가 있다. 먼저 독립적인 단위로 접
어를 파악하려는 주장을 먼저 보기로 하자. Zwicky & Pullum(1983)과
Zwicky(1985)에 의하면 접어는 넓은 의미로 굴절 어미의 특성과 독
립적인 단어의 특성을 동시에 가지고 있는 문법 단위를 포괄적으
로 지칭하는 용어이다.

(1) Grammatical units with some properties of inflectional morphology
    andindependent words(Zwicky & Pullum 1983, Zwicky 1985).

Nevis(1986)는 포괄적인 의미의 접어를 다음과 같이 세 종류로
세분화하고 있다.

(2) (Inflections) − Phrasal affixes − Bound words − Quasi clitics / Lea-

ners − (Words)

구접사(phrasal affix)는 굴절 어미와 비슷한 성격을 가지고 있지만 음운론적으로 단어의 가장자리가 아니라 구의 가장자리에 나타난다. 결속어(bound word)는 전형적인 접어로 통사적으로는 독립 단어로 취급되며 다른 형성소(formative)와 결합한다. 유사 접어(quasi clitic) 또는 의존어(leaner)는 운율적으로 다른 단어에 기대어 발화되는 속성을 가진다.

다음은 단어성을 상실하고 접어가 되는 과정으로 파악하려는 부류를 보자. Hopper & Traugott(1993)는 문법화를 "주로 어휘적 기능을 하던 것이 문법적인 기능을 하거나 문법적인 기능을 하는 형태의 일부로 되는 것, '덜' 문법적인 기능을 하던 것이 '더' 문법적인 기능을 하는 것으로 바뀌는 현상"으로 정의하고, 문법화 범주를 "내용어(content word) 〉 문법적 단어(grammatical word) 〉 접어(clitic) 〉 굴절 접사(inflectional affix)"로 기술하고 있다. 그리고 Roberts(1991)는 통시적으로 대명사가 "강형(strong) 〉 약형(weak) 〉 접어(clitic)"와 같은 보편 성향이 있다고 주장하고, Cardinaletti & Starke(1999)는 인칭 대명사가 보편적으로 아래 그림처럼 세분된다고 제안한다.

(3) 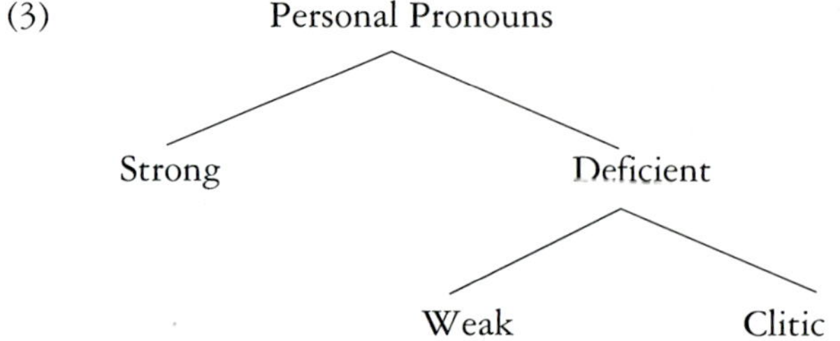

Zwicky & Pullum(1983)과 Zwicky(1985) 그리고 Nevis(1986)는 접어를 포괄적인 용어를 사용해서 지칭하고 있는 반면에 Hopper & Traugott(1993), Roberts(1991) 그리고 Cardinaletti & Starke(1999)는 '내용어 〉 기능어 〉 접어' 또는 '강형 〉 약형 〉 접어'의 과정으로 파악하고 있다. 이 연구에서는 문법화에서 통시적인 과정으로 접근하는 연구 방법보다는 현상을 중심으로 하는 포괄적인 단위로서 연구하는 방법을 택하기로 하겠다.

2. 단어, 접어, 어미 구분

접어가 어미 또는 독립적인 단어와 어떤 차이를 보이고 있는지에 관한 연구가 비교적 잘 확립되어 있다. Zwicky & Pullum(1983)은 접어와 어미를 구분하기 위한 기준을 제시하였고, Zwicky(1985)가 접어와 독립 단어를 구분하는 기준을 제시하였으며, Taylor(1995 2nd edition)는 단어, 어미, 접어를 구분하기 위한 속성을 제시하였다. 김운용(1999)은 접어 판단 기준에 피수식 가능성과 대용

가능성에 대해서 추가하였다. 접어는 통사적으로 하나의 단어이기 때문에 자체적으로 수식을 받을 수 있지만 어미는 단어의 일부이기 때문에 피수식의 대상이 될 수 없다. 마찬가지로 선행사 – 대용어 관계에서 접어는 대용어 역할을 할 수 있지만 단어의 일부인 어미는 대용어로서의 역할을 할 수 없다. 비독립적인 어떤 연쇄체가 수식을 받을 수 있거나 대용어로 쓰일 수 있다면 어미라기보다는 접어로 분석되어야 하기 때문이다. 이와 같은 선행 연구를 기준으로 음운적 기준(휴지에 의한 분리, 강세), 형태적 기준(자의적 공백 가능성, 조합 가능성, 어순 제약), 통사적 기준(독립성, 어순 변화 및 생략, 피수식 가능성, 대용어)에 의해 단어, 접어와 어미를 구분하는 표를 아래처럼 만들 수 있다.

(4)

	분석	단어	접어	어미
음운적 기준	휴지에 의한 분리	가능	불가능	불가능
	강세	가능	불가능	가능
형태적 기준	자의적 공백 가능성		낮음	높음
	조합 가능성	높음	매우 높음	낮음
	어순 제약	낮음	매우 낮음	매우 높음
통사적 기준	독립성	매우 높음	낮음	없음
	어순 변화 및 생략	가능	낮음	불가능
	피수식 가능성	매우 높음	높음	불가능
	대용어	가능	가능	불가능

김운용(1999)은 (4)와 같은 기준에 이탈리아어 전통 문법에서 약

형 대명사를 적용시켜서 (5)처럼 어미 성질의 접어, 단어 성질의 접어 그리고 구 성질의 접어를 구분하였다.[1]

(5)

a. 어미 성질의 접어: 내재 재귀사 접어, 능격 접어, 중간태 접어[2]

b. 단어 성질의 접어: 직접 목적 접어, 간접 목적 접어, 재귀사 접어, 비인칭 주어 접어, 부분 대명사 접어, 장소 부사 접어[3]

c. 구 성질의 접어: loro

loro를 구 성질의 접어로 칭한 것은 전치사구 a loro에 대응되기 때문이다. 그러면 loro의 특징에 대해서 몇 가지 보기로 하자. 동사구 다음에 오는 loro와 a loro는 차이점이 없으나 그들 사이에 명사구가 있을 때는 차이점이 드러난다.

(6) a. Carlo scrive a loro una lettera.

Carlo writes to them a letter

→ Carlo는 그들에게 편지를 쓴다.

b. Carlo scrive loro una lettera.

Carlo writes to – them(CL) a letter

→ Carlo는 그들에게 편지를 쓴다.

---

1) Monachesi(1993a, 1993b, 1994, 1995)는 형태론적인 분석 방법을 사용해서 이탈리아어의 접어를 굴절 어미로 다루었지만, 김운용(1999, 2000)은 통사론적인 분석 방법을 사용해서 접어의 지위가 다르므로 달리 분석해야 된다고 주장했다.

2) 여기에서 내재 재귀사 접어는 대명 자동사와 결합하는 접어를, 중간태 접어는 수동화 접어를 각각 일컫는다.

3) 여기에서 단어 성질의 접어는 통사상의 단어를 말한다. 물론 음운론적으로는 단어가 아니다.

(7) a. Carlo scrive una lettera a loro.

Carlo writes a letter to them

➛ Carlo는 그들에게 편지를 쓴다.

b. *Carlo scrive una lettera **loro**.

Carlo writes a letter to – them(CL)

(6a)와 (6b)는 차이점이 없다. 그러나 (7b)처럼 명사구가 삽입되면 비문이 된다. 이 문장이 비문인 이유는 숙주어인 동사와 접어 사이에 다른 요소가 삽입되었기 때문이다.

구 성질의 접어는 단어 성질의 접어와는 달리 수식을 받을 수 없다. 형용사 tutto가 전치사구를 수식할 수 없는 것처럼 접어 loro를 수식할 수 없다.

(8) a. *Carlo scrive a loro tutto una lettera.

Carlo writes to them all a letter

➛ Carlo는 그들 모두에게 편지를 쓴다.

b. *Carlo scrive **loro** tutto una lettera.

Carlo writes to – them(CL) a letter

➛ Carlo는 그들 모두에게 편지를 쓴다.

3. 간접 목적 대명사 loro

2음절 접어 loro의 특징에 대해서 보기로 하자. 1음절 접어는 시제가 있는 동사 왼편에 떨어져서 나타나고 시제가 없는 동사 오른편에 붙어서 나타나지만,[4] 2음절인 loro는 시제가 있는 동사 오른편에 나타나거나 과거 분사 뒤에 나타날 수도 있다.

(9) a. Ho parlato **loro**.

   I – have told to – them(CL) ➤ 나는 그들에게 말했다.

   b. Ho **loro** parlato.

   I – have to – them(CL) told ➤ 나는 그들에게 말했다.

간접 목적 대명사 loro가 시상 조동사와 본동사인 과거 분사의 연속체 중간에 나타나거나 연속체 끝인 과거 분사 뒤에 나타난다.

(10) Ha(**loro**) sempre (**loro**) spiegato tutto. (Cinque 1999)

   He – has (to – them)(CL) always (to – them)(CL) explained everything.

   ➤ 그는 항상 그들에게 모든 것을 설명했다.

---

4) 시제가 없는 동사가 문장에서 사용될 때 접어의 위치는 시제가 있는 동사와 결합하는 양상이 다르다. 2인칭 명령법 동사와 결합할 때는 동사 뒤에 결합된 형태로 나타나고(dimmi) 3인칭 명령법 동사가 숙주어일 때는 동사 앞에 나타난다(mi dica). 제룬디오 문장에서는 숙주어와 결합된 형태로 동사 뒤에 나타나며(dicendosi), 과거 분사 구문에서도 숙주어와 결합된 형태로 동사 뒤에 나타난다(dettosi). 그리고 몸짓을 요구하는 부사 ecco가 접어(eccomi, eccola, ……)와 결합하기도 하지만 다른 종류의 부사나 품사가 숙주어가 될 수는 없다.

(9)의 예처럼 (10)의 예에서 간접 목적 대명사 loro가 시제가 있는 동사 오른쪽에만 나타나는 것이 아니라 시상 조동사와 과거 분사 사이에도 나타날 수 있는 것뿐만 아니라 1음절 접어와는 달리 중간에 sempre 부사가 중간에 삽입되어도 정문이다. (10)의 예를 통해서 loro와 숙주어인 동사 사이에 다른 요소가 삽입될 수 있으리라는 유추를 할 수 있으나 (11)의 예를 통해서 알 수 있는 것처럼 비문이다.

(11) *Carlo scrive una lettera **loro.**

   Carlo writes a letter to – them(CL)

   ➙ 까를로는 그들에게 편지를 쓴다.

다음은 김운용(1999)에서 구분한 단어, 접어, 어미를 구분하기 위한 기준에 사용되었던 기준들 중에서 loro의 접어적인 속성을 밝히기 위해서 현상 중심으로 나열하기로 한다.

휴지에 의한 분리

음운적인 독립성이 있는 단어와 단어 사이에는 휴지가 들어갈 수 있으나 음운적인 독립성이 없는 어미나 접어는 숙주어 사이에 휴지가 들어갈 수 없다.

(12) *Maria dà ▽ **loro** un regalo.[5]

---

5) 여기에서 기호 ▽는 휴지를 의미한다.

강세와 스트레스

강세란 어떤 음절을 주위의 음절보다 더 강하게 발음할 때 그 음절에 가해지는 배기의 세기이다. 강세는 단어에만 나타나는 속성이기 때문에 강세가 나타나지는 않지만, Nespor(1994)는 loro가 제1 스트레스를 갖는다 한다. 이러한 특징은 1음절 접어에서는 나타나지 않는 특성이다.

(13) *Maria dà **loro** un regalo.

자의적 공백 가능성

자의적인 공백 가능성은 통사적인 기준 중에 하나로, 단어는 발화 맥락에 의해 생략될 수 있으나 접어나 어미는 생략될 수 없다. loro가 생략되면 비문이 된다. (14)에서 비문이 된 이유는 dare '주다' 동사가 여격을 받는 수혜자를 요구하고 있으나 나타나지 않았기 때문이다.

(14) ?*Maria dà Ø un regalo.

조합 가능성

이 제약은 접어가 또는 특정한 부류의 품사를 숙주어로 요구하는지 또는 클러스터를 형성할 수 있는지에 관한 것이다. 1음절인 접어는 숙주어를 동사로 원하지만 (15)처럼 숙주어가 동사로 나타나지 않아도 정문이다. 숙주어에 대해서 민감하지 않는 것은 형용사인 incomprensibile가 숙주어의 기능을 한 것으로 보인다.

(15) Un libro **loro** incomprensibile.　　　　Monachesi(1998)

　　a book to－them(CL) incomprehensible

　　➡ 그들에게는 이해하기 어려운 책

(16) a. Martina deve spedirgliela. Monachesi(1998)

　　　Martina must send － to － them(CL) － it(CL)

　　　➡ Martina는 그들에게 그것을 반드시 보내야 한다.'

　　b. Martina deve spedirla **loro**.

　　　Martina must send － it(CL) to them(CL)

　　　➡ 마르띠나는 그들에게 그것을 반드시 보내야 한다.

　Monachesi(1998)가 지적한 것처럼 접어의 클러스터를 형성할 때 (16a)처럼 1음절 문장은 '간접 목적 접어＋직접 목적 접어'의 순서지만, loro가 접어화될 때는 (16b)처럼 '직접 목적 접어＋간접 목적 접어'의 어순이 된다. 1음절인 접어는 숙주어가 정형 동사일 때는 앞에 떨어트려져서 나타나고, 부정형 동사일 때는 붙어 나타나지만, 2음절인 loro는 항상 떨어진 상태로 나타난다.

어순 제약

　어순 제약은 형태－통사적인 기준으로 고정적인 어순을 갖느냐 느슨한 어순을 갖는지에 따라서 단어성을 판별하는 데 사용된다. (10)에서는 시상 조동사와 과거 분사 사이에서 loro의 위치가 고정되어 있는 것이 아니라 느슨한 어순을 보여주고 있지만 (11)에서는 대격을 받는 una lettera '편지'가 삽입되면 비문인 것을 보았다. 아

래 (17b)에서 보아 알 수 있듯이 a loro일 때는 대격이 중간에 삽입
되더라도 정문이다.

(17) a. Maria dà a loro un regalo.

Maria gives to them a gift

→ Maria는 그들에게 선물 하나를 준다.

b. Maria dà un regalo a loro.

Maria gives a gift to them

독립성

독립성은 음운적인 독립성과 통사적인 독립성을 테스트할 수 있
는 기준이다. 이와 같은 독립성은 단어가 가지고 있는 중요한 성질
중에 하나이다.

(18) A chi ha dato l'autorizzazione?   Cardinaletti(1991)

to whom he − has given the authorization

→ 그가 누구에게 권한 부여를 했니?

a. *Loro

to − them(CL)

b. *Gli

to − them / him(CL)

c. A loro.

to them

(15)의 예에서 loro는 숙주어가 동사가 아닌 형용사가 될 수 있는
가능성에 대해서 언급했다. 언뜻 보면 숙주어가 없어도 사용할 수 있
지 않을까 생각해 볼 수 있지만 (18a)를 보면 비문임을 알 수 있다.

연접

일반적으로 1음절 접어는 이탈리아어에서 연접이 나타나지 않는
다. 아래 (19a)처럼 접어 gli가 presentato와 ripresentato에 동시에 걸
릴 수 없지만 loro는 동시에 걸릴 수 있다.

(19) a. *Presentato e ripresentatogli   Monachesi(1998)

        shown and reshown − him / them(CL)

        ➡ 그에게 / 그들에게 보여주고 다시 보여준

    b. Presentato e ripresentato **loro**

        shown and reshown to − them(CL)

        ➡ 그들에게 보여주고 다시 보여준

재서 대명사

1음절인 접어는 (20a)처럼 재서 대명사로 gli가 사용될 때는 정문
이지만, (20b)처럼 loro가 재서 대명사로 사용될 때는 비문이다.

(20) Cardinaletti(1991)

    a. A quello studente, il professore non gli ha dato l'autorizzazzione.

        to that student, the professor not him(CL) he − has given

        the authorization

b. *A quegli studenti, il professore non ha dato **loro** l'autori-
zzazzione.

to those students, the professor not he — has to — them(CL)
given the authorization

관계절에서 loro

1음절 접어는 시제가 있는 동사 앞에 나타나지만, 시제가 있는
동사 뒤에 나타나진 않는다. 일반적으로 2음절인 loro는 시제가 있
는 동사 뒤에만 나타나는데 관계절에서 시제가 있는 동사 앞에 또
는 동사 뒤에 loro가 나올 수도 있다.

(21)

a. Le proprietà che loro pertengono.   Inglese(2002)
the properties that to — them(CL) belong

b. Le proprietà che pertengono **loro**.
the properties that belong to — them(CL)

(22) La libertà di fantasia che **loro** appartiene.   Monachesi(1995b)
the freedom of fantasy that to — them(CL) belongs

(23) a. Con i soldi **loro** inviati.   Inglese(2002)

with the moneys to − them (CL) sent

   → 그들에게 보내진 돈으로

b. Con i soldi inviati **loro**.

with the moneys sent to − them(CL)

   → 그들에게 보내진 돈으로

(24) Il potere d'acquisito **loro** fornito dalle banche.Monachesi(1995b)

the power of purchase to − them(CL) supplied by the banks

  → 법원에 의해 부여된 취득권

Monachesi(1995b)는 (22)와 같은 문장 이외에도 (24)처럼 관형절
에서 loro가 숙주어를 앞서서 나올 수 있다고 한다. Egerland(2005:40)
에 의하면 약형 여격 loro는 현대 이탈리아어에서 고어체적인 표현
이며, 문어체로 제한되고 있다고 언급하고 있다. 13∼14세기에 loro
는 아주 생산적이었다고 주장한다.

(25) a. Lo 'mperadore diede **loro** risposta e disse:······Egerland(2005)

the emperor gave to − them(CL) answer and said······

  → 그 황제가 그들에게 답하여 이르기를······

b. ······e dirai così **loro**: ch'elle non consentono a neuno, ······

and you − will − say so to − them(CL): that they do not

permit anyone

  → 그리고 너는 그들에게 이렇게 말할 것이다. 그들은 누구도 허락하

지 않는다고……

(26) Quel che **loro** i' voleva dire (Jacopone) Monachesi(1995b)

　　 that to－them(CL) I wanted to say

　　 ➤ 내가 이야기하고 싶었던 그들에게

Monachesi(1995b:151)는 고대 이탈리아어에서 loro는 다른 접어들처럼 후접어로 나타났다고 한다. (26)와 같은 문장을 통해서 알 수 있는 것은 loro가 시제가 있는 동사 앞에 나타나던 것이 흔적으로 (21a)나 (22)처럼 나타난다고 주장한다.

부정법 동사

부정법 동사에 속하는 부정사, 제룬디로, 분사는 시제가 없는 동사이다. 이때 loro는 동사의 오른편에만 나타난다.

부정사

(27) È venuto per parlare **loro**.　　Inglese(2002)

　　 he－is come to speak to－them(CL)

　　 ➤ 그가 그들에게 말하기 위하여 왔다.

제룬디오

(28)

a. Partì promettendo **loro** che avrebbe scritto **loro**. Inglese(2002)

　　 he left promising to－them(CL) that he－will－have written to

$-$ them(CL)

b. Partì promettendo che avrebbe **loro** scritto.

he left promising that he $-$ will $-$ have to $-$ them(CL) written

분사

(29) Risposto **loro**, si sentì più tranquillo. Inglese(2002)

answered to $-$ them(CL), he $-$ felt more calm

형용사가 숙주어가 될 수 있고, 재서 대명사의 기능이 없으며, 그리고 관계절에서 또는 관형절에서 loro가 동사 앞에 나오는 것은 접어성을 의심하게 만든다. 문법화 분야에서 연구하듯이 loro가 극단의 접어적인 속성을 보이는 것은 아닌 것으로 판단된다. 그러나 테스트 결과를 전체적으로 보면 접어적인 속성과 단어적인 속성을 가지고 있긴 하지만 약형이나 단어로 보기보다는 접어로 보는 것이 타당하다.

4. 결 론

지금까지 다루었던 내용을 정리하면 다음과 같다. 2음절인 간접 목적 대명사 loro는 숙주어에 인접해야 되고, 음운적인 / 통사적인 독립성이 없고, 부정법 구문에서 일정한 패턴을 보인다는 측면에서 1음절 접어와 유사점이 있다. 그러나 1음절 접어는 시제가 있는 동사 왼편에, 시제가 없는 동사 오른편에 나타나지만 loro는 시제와 상관없이 동사 오른편에만 나타난다. loro는 시상 조동사와 본동사인 과거 분사 사이에 끼어들 수도 있으며, 또한 그들 사이에 부사인 sempre가 나타나도 정문이다. 그리고 숙주어가 항상 동사만 되는 것이 아니라 형용사도 가능한 것으로 파악된다. 연접 구문에서 한 요소가 양쪽 구문을 수식할 수 있는 것처럼 loro가 양쪽 구문을 수식하는 현상이 나타남을 보았다. 선행사를 반복해서 사용되어야 할 때 1음절 접어는 정문이 되나 loro가 사용되면 비문이 된다. 이는 loro에 재서 대명사의 기능이 없기 때문이다. 2음절인 loro가 단어적인 속성을 보이는 측면에서 1음절인 접어와는 다른 점이 있지만 3장에서 다룬 테스트의 결과를 종합해 보면 접어임에 틀림없다.

Ⅶ. 이탈리아어의 재귀사에 관하여

김운용(2008b), "이탈리아어의 재귀사에 관하여", 『이탈리아어문학 24집』, 한국이어이문학회.

Ⅶ. 이탈리아어의 재귀사에 관하여

　Lichtenberk(1994)에 의하면 유형 분류학적으로 재귀 구문의 형태가 세 가지 유형으로 나타난다고 한다. 영어처럼 재귀 대명사를 사용하는 언어와 로망스어계에서처럼 재귀 대명사가 접사화되어 동사로 나타나는 언어, 그리고 러시아어에서처럼 소유 재귀 형용사로 나타나는 언어가 있다고 한다. 그가 제시하는 것처럼 이탈리아어는 재귀 대명사가 접사화되어 동사로 나타나는 언어이다. 이탈리아어의 사전을 보면 재귀 구문을 형성할 수 있는 동사는 사전에 모두 표기되어 있다.

　사용가능한 모든 어휘 항목에 표기를 한다는 것은 통사적인 측면에서 대단히 잉여적이라고 할 수 있다. 왜냐하면 통사 규칙으로 간단하게 처리할 수 있다고 보기 때문이다. 그러나 이탈리아어 사전은 라틴어 사전의 전통을 그대로 따른 것으로 보인다. 이탈리아어 사전에 재귀사 −si가 사용된 것은 라틴어의 사전으로부터 영향을 받은 것이고, 또한 라틴어는 그리스어의 중간 동사로부터 영향을 받은 것이다. 다시 그리스어의 중간 동사라는 관점에서 이탈리아어를 보면 순전히 중간 동사의 기능을 하는 중간태 또는 수동화 si는 사전에서 세외되었고, 문법에서 다루고 있다.

이 연구에서는 문법화 관점에서 라틴어에서 이탈리아어로 변화되는 과정 소개와, 재귀 동사류와 비재귀 동사류를 구분하겠다. 재귀 동사류는 사전에 등재되는 것들이며, 비재귀 동사류는 문법에서 다루어지는 부분이다. 그리고 사전학 관점에서 재귀 동사류의 사전 표기에 대해서 자세히 보기로 하겠다.

1. 문법화 관점에서

1.1 라틴어에서 이탈리아어로

문법화의 측면에서 보면 Stefanini(1982)가 지적한 것처럼 이탈리아어의 재귀사, 비인칭, 수동화 si는 라틴어의 굴절 어미 −tur로 유래되었으며, 이러한 의미는 그리스어의 중간 동사가 라틴어로 번역되면서 발생되었다.

라틴어 재귀 대명사

고전 라틴어의 재귀 동사는 원래 타동사로 주어와 목적어가 동지시적이었다. 즉 주어가 자신에게 어떤 행위를 한다. 1인칭과 2인칭 구문에서 재귀 대명사 목적어는 형태적으로 다른 목적 대명사

와 같았지만 3인칭은 형태적으로 다른 재귀 대명사 SE 형태를 가
졌다.[1]

(1) a. UOS UIDEO

　　 you I － see　　　　　　→ 나는 너를 본다.

　 b. NOS UIDENT

　　 us they － see　　　　　　→ 그들은 우리를 본다.

　 c. UOS UIDETIS

　　 you see － yourselves　　　→ 너희는 너희 자신을 본다.

　 d. NOS UIDEMUS

　　 us see － ourselves　　　　→ 우리는 우리 자신을 본다.

　 e. MULIER SE UIDET

　　 the woman herself － see　　→ 그 여자가 그녀 자신을 본다.

　 f. MULIERES SE UIDENT

　　 the women themselves － see → 그 여자들이 그녀 자신들을 본다.

(2) a. Ti vedo.

　　 you I － see　　　　　　→ 나는 너를 본다.

　 b. Ci vedono.

　　 us they － see　　　　　　→ 그들이 우리를 본다.

　 c. Vi vedete.

　　 yourselves(CL) you － see　→ 너희는 너희 자신을 본다.

---

1) Maiden(1995: 163 － 165)에 비교적 상세히 문법화 과정이 설명되어 있다. 참고하길 바란다.

　d. Ci vediamo.

　　ourselves(CL)　we − see　　　　→ 우리는 우리 자신을 본다.

　e. La donna si vede.

　　the woman herself(CL)　see　　→ 그 여자가 그녀 자신을 본다.

　f. Le donne si vedono.

　　the women themselves(CL)　see

　　→ 그 여자들이 그녀 자신들을 본다.

오늘날 이탈리아어에서 재귀 대명사의 1인칭 단수(mi)와 복수(ci) 그리고 2인칭 단수(ti)와 복수(vi)는 직접 목적 대명사나 간접 목적 대명사의 형태와 같지만 3인칭은 이들과 다른 형태인 (si)를 사용하고 있다.[2]

수동화 si

의미역이 행위자인 주어가 피행위자가 되는 기능이 추가되어, 재귀 구문이 수동의 기능을 할 수가 있게 되었다.

(3) Si vedono le donne.

　　SI(CL) see(*3, pl*) the women　　　　→ 여자들이 보이다.

---

2) 직접 목적 대명사의 3인칭 단수는 남자(lo)와 여자(la), 3인칭 복수는 남자(li), 여자(le)이지만 3인칭 복수는 남자(li), 여자(le)이고, 간접 목적 대명사의 3인칭 단수는 남자(gli)와 여자(le), 3인칭 복수는 남자와 여자 모두(gli)이다.

전형적인 주어자리에 si가 오게 되고, le donne가 목적어 자리를 차지하게 되었다. 그러면서 3인칭 si가 비인칭의 주어 대명사로 재분석되기도 했다.

대명 자동사

고전 라틴어의 재귀 타동사가 이탈리아어에서 유지되었지만 형태적으로 타동사가 아닌 다른 동사의 재귀 형식, 즉 대명 자동사가 나타났다.

(4) a. Mi accorgo.

   MI(CL) I – realize[3]   ➝ 나는 깨닫는다.

   b. *Accorgo.

   I – realize

   c. *Accorgo me stesso.

   I – realize my self

일반적으로 대명 자동사로 주어 자신에 의해서 자신에게 수행되는 행동이 아니라 주어가 다소 능동적인 역할을 할 때 주어 자신으로부터 생겨나는 사건을 알린다. 일부 동사는 내재적 대명 자동사이기도 하다. 대명 자동사는 재귀적 기능이 없는 대명사가 없으면 (4b)처럼 비문이 되고, 일반적인 재귀 대명사처럼 독립적인 단어에 해당되는 재귀 대명사로 바꾸면 역시 비문이 된다.

---

3) 이 연구에서 영어로 의미 표기를 하여 생길 수 있는 문제로 인하여 일부 단어를 옮기지 않고 대문자로 표기하도록 하겠다.

현대의 문법 측면에서 재귀 동사의 분류를 보기로 하자. Regula(1965: 208 – 209)에 따르면 재귀 동사를 여섯 가지 유형으로 구분한다. 그가 구분한 유형은 직접 재귀 타동사, 재귀 자동사, 절대 재귀 동사 / 대명동사, 상호 재귀 동사, 간접 재귀 동사 / 형식 재귀 동사, 수동화 si로 사용되는 재귀 동사이다. 예를 들어 인용하면 아래와 같다.

(5) 재귀 동사의 종류(Regula 1965)
    a. 직접 재귀 타동사: 행동이 자신에게 일어나며, 주어와 목적어가 조응한다(coincidere).
    b. 재귀 자동사: 다소 완화된 재귀사가 되거나 타동의 의미를 완전히 잃는다.
    c. 절대 재귀 동사 / 대명동사: 재귀 활용을 갖는다. 즉 재귀 첨어[4] 없이 사용되지 않는다.
    d. 상호 재귀 동사: 하나 이상의 주어에 의해서 행동이 일어난다.
    e. 간접 재귀 동사 / 형식 재귀 동사: 타동사면서 자신의 직접 목적 보충어를 갖는 것 이외에 강세가 없는 대명사에 의해서 표현되는 간접 목적어가 동반된다.
    f. 수동화 si로 사용되는 재귀 동사: 재귀 대명사 si의 사용으로 수동 의미가 되는 직접 타동사. 3인칭 단수와 복수와 결합하여 수동 의미가 부여된다.

이처럼 Regula는 여섯 가지로 구분했지만 Serianni(1988)는 네 가

---

4) 재귀 첨어(particella riflessiva)는 오늘날 용어로 재귀 접어(clitico riflessivo)를 일컫는다.

지 유형으로 재귀 동사를 구분한다. Desclés, Guentchéva e Shaumyan(1986)
는 Regula처럼 수동화 si로 사용되는 재귀 동사에 해당하는 중간태
재귀 구문을 재귀 동사의 유형에 넣는다. 그들은 의미적인 측면에
서 재귀 동사의 유형을 네 가지로 분류하고 있으며, 자신들의 주장
을 일반화하기 위해서 주로 프랑스어, 불가리아어, 러시아어를 예
로 들어 네 가지 유형, 즉 재귀 수동태 구문, 중간태 재귀 구문, 중
간태 – 재귀 수동 구문, 비인칭 재귀 구문의 유형을 설명하고 있다.

1.2 재귀 동사류

오늘날 이탈리아어의 문법에서는 어원적으로 혹은 의미적으로
관련이 있지만, Serianni(1988)의 제안에 따라 재귀 동사는 네 종류
로, 비인칭과 수동화 si는 각각 독립적인 것으로 접근하려는 경향이
있다. 재귀 동사는 Serianni(1988)의 제안에 따르면 직접, 간접, 자
동, 상호 재귀 동사로 나누어진다.

(6) 재귀 동사의 종류 Serianni(1988)

    a. 직접 재귀 동사 verbi riflessivi diretti

    b. 간접 재귀 동사 verbi riflessivi indiretti

    c. 자동 재귀 동사 verbi riflessivi intransitivi

    d. 상호 재귀 동사 verbi riflessivi reciproci

직접 재귀 동사

직접 재귀 동사는 타동 재귀 동사(verbi riflessivi transitivi)라고도 불리는 것으로 전형적인 재귀 동사를 말한다. 이때 재귀 동사의 mi, ti, si, ci, vi, si는 주어와 동지시적이다.[5] 일반적으로 직접 목적어는 특정한 인칭 재귀 대명사를 통해서 표현된다.

(7) a. Mi lavo.

    myself(CL) I – wash   ➤ 나는 나 자신을 씻는다.

  b. Si veste.

    herself / himself(CL) she / he – clothe

    ➤ 그 / 그녀는 그 / 그녀 자신이 옷을 입는다.

간접 재귀 동사

간접 재귀 동사는 형식적 재귀 동사(verbi riflessivi apparenti) 또는 대명 타동사(verbi transitivi pronominali)로 불리는 것으로 이때 재귀 대명사가 갖는 격은 심상여격이다. 재귀 대명사는 직접 재귀 동사 구문에서 대격을 받지만 간접 재귀 동사 구문에서 여격을 받는다는 점에서 차이가 난다.

(8) a. Mi domando se ho sbagliato

    myself(CL) I – ask if I – have mistaken

---

5) 여기에서 이탈리아 전통 문법에서 약형(forma debole) 또는 강세가 없는 형(forma atonica)으로 불리는 접사화된 재귀 대명사로 제한하겠다. 약형은 단어의 성질을 갖는 접어와 굴절 어미의 속성을 갖는 접사적 접어로 분류된다. 이와 같은 약형 이외에도 단어의 성질을 가진 강형(forma forte)이 존재한다.

→ 내가 틀렸는지 아닌지를 내 자신에게 묻는다.

b. Mi lavo le mani.

myself(CL) I − wash the hands

→ 나는 나에게 손들을 씻는다.

자동 재귀 동사

자동 재귀 동사는 대명 자동사(verbi intransitivi pronominali)[6]로 불리는 것으로, 이때 재귀 대명사는 주어와 동지시적이지만 독립적인 단어보다는 접사적 성격이 강하고, 의미가 결여되어 있다.

(9) a. Mi pento.

MI(CL) I − regret   → 나는 후회한다.

b. Io mi vergogno di ciò che ho fatto.

I MI(CL) be − shame of the thing which I − have done

→ 나는 내가 한 짓에 후회한다.

(9)의 a나 b에서 사용된 mi는 '내 자신을' 또는 '내 자신에게'와 같은 의미가 없이 형태만 사용한다. 통사적으로 격을 받을 수 없으며, 재귀적 성질이 없는 이형태라고 할 수 있다.

상호 재귀 동사

상호 재귀 동사는 주어의 행위가 서로에 일어나는 것이다.

---

6) 한국어로 쓰인 이탈리아어 문법책에서는 흔히 대명동사라 불리고 있다.

(10) a. Mario e Anna si salutano.

Mario and Anna each other(CL) say hello

➤ 마리오와 인나가 서로 인사한다.

b. Lucia e Carlo si scrivono.

Lucia and Carlo each other(CL) write a letter

➤ 루치아와 까를로가 서로 편지를 쓴다.

1.3 비재귀 동사류

비재귀 동사에서는 재귀 동사의 형태에서 파생되었지만 어휘 영역에서 통사 영역으로 넘겨진 비인칭 주어 si, 중간태 si 그리고 능격 si에 대해서 보기로 하겠다.

비인칭 si

비인칭 si는 3인칭 단수 동사를 요구한다. 자동사, 타동사 모두 가능하다. 비인칭이라고 하는 이유는 접어 si가 특정의 인칭이 없으며 주어의 역할을 하기 때문이다. 비인칭 si는 자의적 지시체를 가지는 주어로서 기능을 한다.

(11) a. Si va.

one(CL) goes   ➤ 사람들은 간다.

b. Si ama lavita.

one(CL) loves the life   ➤ 사람들은 삶을 사랑한다.

(11)에서 동사 va는 자동사이고 ama는 타동사이다. 이처럼 비인칭 접어 si는 3인칭 자동사나 타동사와 결합할 수 있다.

중간태 si

중간태 접어 si는 전통 문법에서 수동화 si(si passivante)라고 불리는 것으로 행위자가 나타나지 않으며 타동사의 3인칭 단수나 복수와 함께 문장에 나타난다.

(12) Si vede.

    SI(CL) sees   → 보인다

(12)의 문장은 (11a, b)로 해석 가능하다. 타동사만이 중간태 si로 사용되는 데 주의해야 할 것은 타동사이고 3인칭 단수일 때 비인칭 해석과 중간태 해석이 모두 된다는 것이다.

(13) a. Uno vede.

    one sees   → 사람들이 본다

   b. È visto.

    is seen   → 보인다

(13a)는 비인칭으로 해석하는 것이며 (13b)는 수동 의미의 중간태로 옮긴 것이다.

(14) ?Si mangia le mele.

SI(CL) eats(*3, sg*) the apples

(15) a. Si mangiano le mele.

SI(CL) eat(*3, pl*) the apples

b. Le mele si mangiano.

the apples SI(CL) eat(*3, pl*)

이탈리아어를 모국어로 말하는 사람들 중에서 일부만이 (14)를 정문이라고 여기는 반면에 (15a, b)는 모두가 정문이라고 한다. (15a)의 목적어 위치에 있는 le mele와 동사가 일치된다. (15b)는 le mele가 문두로 도치된 것이다.

능격 si

능격성이란 자동사의 논항이나 타동사의 주제/피행위자(theme / patient) 의미역을 가진 논항과 같거나 비슷한 성격을 가지는 것을 말한다. 아래와 같은 문장에서 접어 si는 능격성을 갖게 하는 역할을 한다.

(16) Lo specchio si rompe.

the mirror SI(CL) breaks   → 거울이 깨지다.

이 구문에서 접어는 타동사를 자동사로 만들어 주는 표지처럼 행동한다. 이 능격 접어는 타동사를 능격 동사로 만들어 주는 역할을 한다. 위의 문장은 아래와 같은 대응 타동사 문장을 가지고 있다.

(17) Giovanni rompe lo specchio.

Giovanni breaks the mirror → 죠반니가 거울을 깨다.

이탈리아어에 능격 동사는 두 가지 부류로 분류된다. 하나는 (16)처럼 접어와 결합된 동사의 유형이고, 다른 하나는 접어와 결합되지 않은 동사의 유형(17)이다. 접어화가 일어나지 않는 능격 동사 affondare '침몰하다'의 예를 보자.

(18) a. L'artigliere affondò due navi nemiche.

the artillery sank two enemy ships

→ 포병이 적 배 두 척을 침몰시켰다.

b. Due navi nemiche affondarono.

two enemy ships sank → 적 배 두 척이 침몰됐다.

(18b)는 능격 접어가 없는 능격 구문이다. 능격 접어가 없이도 능격 구문이 될 수 있다는 것은 능격 접어 si가 동사의 타동성을 없애고 능격성을 갖게 하는 표지로 이해할 수 있다.

2. 사전학 관점에서

Bloomfield(1933: 274)에 의하면 "어휘 목록이란 기본적으로 불규칙적인 리스트인 문법의 부록이다."고 한다. 그의 말은 오랜 기간 동안 사전에 관한 이상적인 제안이었고, 많은 사전들이 그의 생각을 따랐다.

과거의 사전은 사전의 두께로 인해서 좁은 지면에 효과적인 단어 선정 및 단어 뜻풀이가 최대 관건이었다면 종이 사전에서 종이 두께가 얇아지고, 글꼴이 작아지는 등 기술적인 혁명도 일어났지만, 디지털 사전이 과거에 안고 있던 그러한 문제는 더 이상 문제가 되지 않는 것으로 보인다. 이젠 단어뿐만 아니라 시소러스, 백과사전까지 연결해서 웹서비스하는 사이트를 쉽게 찾을 수도 있다.

2.1 Levin의 재귀 동사

먼저 문법에서 재귀 구문을 다루는 영어를 보기로 하자. 흔히 접할 수 있는 영어 문법서에는 구체적인 동사의 유형에 대해서는 자세히 언급하지 않고 재귀 대명사와 관련된 현상에 대해서 설명을 하고, 보충어로서 기능을 하는 것과 부가어의 기능을 하는 것 정도만 구분하고 있다. 재귀 대명사와 관련된 동사에 대해서 좀 더 자세히 구분한 책이 있는데 Levin(1993)의 English Verb Classes and Alternations이다. 이 책에 의하면 재귀 대명사와 관련 있는 동사의 대부류는 네 부류이고, 동사의 유형은 여섯 가지이다. 여섯 가지 유형에서 137개의 type과 142개의 token이다. 그가 제시한 동사의 유형을 보면 아래와 같다.

(20) **Understood Reflexive Object Alternation**

DRESS VERBS: bathe, change, disrobe, dress, exercise, preen, primp, shave, shower, strip, undress, wash

LOAD VERBS (some): jam, cram, load, pack

PUSH / PULL VERBS (some): jerk, pull, yank

(21) **Bound Nonreflexive Anaphor as Prepositional Object**

PUSH / PULL VERBS: ?draw, heave, jerk, press, pull, push, shove, ?thrust, tug, yank

POUR VERBS: dribble, drip, pour, slop, slosh, spew, spill, spurt

COIL VERBS: coil, curl, loop, roll, spin, twirl, twist, whirl, wind

SPRAY / LOAD VERBS: brush, dab, daub, drape, drizzle, dust, hang, rub, scatter, slather, smear, spatter, splash, splatter, spray, spread, sprinkle, spritz, squirt, strew, swab, wrap

(22) **Obligatorily Reflexive Object**: absent, acquit, assert, avail, bear, behave, bestir, betake, bethink, better, busy, camouflage, carry, check, collect, comport, compose, conduct, contain, content, defend, demean, disgrace, disport, efface, embroil, endear, enjoy, ensconce, excel, exert, fancy, find, help, ingratiate, insinuate, intoxicate, intrude, inure, justify, lower, martyr, nerve, outdo, overreach, perjure, plight, pride, profess, prostrate, redeem, relieve, resign, revenge, steel, sun, unbosom,

vindicate, worm

(23) **Reflexive Verbs of Appearance**: assert, declare, define, express, form, intrude, manifest, offer, pose, present, proffer, recommend, shape, show, suggest

위에서 굵은 체 글씨는 통사적으로 나타나는 패턴을 말하고, 거기 안에 대문자로 나누어진 그룹이 의미적으로 관련된 단어들의 목록이다. 재귀 대명사의 언어 유형인 영어에 재귀 대명사와 통사적으로 관련된 어휘를 따로 구분해야 된다는 주장은 설득력이 있어 보인다. 그러나 위의 단어에다 의미적으로 또는 통사적으로 유사성이 있는 단어를 추가한다고 해도 200단어까지는 되지 않을 것 같다. 기본적인 생각은 세세한 어휘적인 정보보다는 간단한 통사 규칙이면 재귀 구문에 관련된 문제를 해결할 수 있다고 본다는 것이다. 다음은 재귀 대명사가 접사화되어 동사로 나타나는 언어인 이탈리아어 사전에 대해서 보기로 하자.

2.2 재귀 동사류 사전 표기

이 연구에서 참고로 한 사전은 디지털 사전 두 종류와 한국외국어대학교 출판사에서 나온 이한사전을 포함해서 종이 사전 두 종류와 웹서비스를 하고 있는 사전 한 종류를 선택했다.[7] 단어는 lavare '씻기다'와 lavarsi '자신을 씻다', pentirsi '후회하다', 그리고

---

7) 인용된 단어의 뜻풀이에서 문장은 제외하고, 센스만 나열하였다.

ricordare '기억하다'와 ricordarsi '기억나다'를 선택했다. lavare와 lavarsi를 선택한 이유는 타동사와 재귀 동사의 관계에 대해서, pentirsi를 선택한 이유는 대명 자동사에 대해서 그리고 ricordare와 ricordarsi의 관계에 대해서 궁금해서 선택했다. 먼저 한국외국어대학교 출판사에서 나온 이한사전을 보기로 하자.

하나의 센스에 여러 개념이 결합되어 설명될 수도 있겠지만, lavare의 1번 센스는 각각의 의미로 독립 분류해야 되는 것(세탁하다, 씻다, 깨끗이 하다)을 하나의 센스에 넣어두었다. pentirsi는 대명 자동사임에도 불구하고, 재귀 동사로 분류되어 있다. 그리고 부록에 있는 단어뿐만 아니라 이한사전을 꼼꼼히 보면 재귀 동사, 대명 자동사, 심상여격을 받는 간접 재귀 동사가 구분되어 있지 않고, 거의 모든 해당 단어 재귀 동사로 분류되어 있다는 것을 알 수 있다.

(24) 이한사전 lavare tr.

    1. 세탁하다, 씻다, 깨끗이 하다.

    2. 정화하다.

      - rsi. rifl. 씻다.

(25) 이한사전 pentirsi - rsi. rifl.

    1. 후회하다, 뉘우치다

    2. 의견을 바꾸다.

Garzanti 사전은 이한사전과 달리 재귀 동사, 대명 자동사, 간접 재귀 동사를 구분하고 있다. Garzanti 사전의 문제점은 A 뜻풀이에

A 단어를 사용한다는 것이다. 예를 들면 lavare의 재귀 동사 뜻풀이
1번에 가면 lavare(lavare il proprio corpo)를 사용하고 있다.

(26) Garzanti lavare v.tr

    1. rendere pulito con acqua o altra sostanza detergente.

    2. (fig.) togliere via, cancellare quanto costituisce una colpa,
       una macchia.

    3. (tecn.) effettuare un'operazione di lavaggio lavarsi
       v.pron.[aus.essere] lavare il proprio corpo.
       v.pron.indiretto[aus.essere] lavarsi il viso, le mani, i denti

Devoto－Oli 사전은 －rsi와 같은 접사형 표기를 사용하지 않고,
rifl. 또는 intr.pron. 등을 사용하고 있으며, 분야별로 어떤 의미로
사용되는지 잘 정리하였다.

(27) Devoto－Oli lavare v.tr

    1. Rendere pulito mediante l'uso dell'acqua e l'impiego eventuale
       di sostanze detergenti.

    2. part. Provvedere all'igiene del corpo altrui (anche con la
       prep. a). · tr. pron. Pulirsi una parte del corpo o un
       indumento.

    3. fig. Purificare, riscattare, per lo più nel linguaggio devoto
       (anche con la prep. da). · Togliere via, cancellare quanto
       macchia moralmente.

4. fig. Nel linguaggio giornalistico, riciclare denaro sporco.

5. poet. Dei fiumi e del mare, bagnare.

6. Nella tecnica dell'acquerello, sfumare col pennello bagnato d'acqua o di colore molto diluito.

7. Nell'industria, sottoporre a un'operazione tecnologica di lavaggio.

8. rifl. Provvedere alla propria igiene.

9. intr. pron. (poet.). Di territorio, essere bagnato da un fiume.

De Mauro 사전은 Serianni(1988)의 제안을 가장 잘 따른 것으로 보인다. 이 사전의 특징은 -rsi를 독립된 표제어로 처리했을 뿐만 아니라 하나의 센스의 하위 센스까지 분류하였다.

(28) De Mauro lavarsi v.pronom.tr. e intr.

1. v.pronom.tr., rendere pulita una parte del proprio corpo.

2. v.pronom.intr., lavare il proprio corpo.

3. v.pronom.intr. BU fig., purificarsi, riscattarsi da qcs. che preoccupa, che opprime l'animo

4. v.pronom.intr. OB LE di regione, territorio, essere bagnato da un fiume.

(29) De Mauro pentirsi v.pronom.intr.

1. a provare rimorso e pentimento per aver trasgredito una legge morale o religiosa, ripromettendosi di evitare la

stessa azione nell'avvenire. | nell'etica cristiana, provare
contrizione per colpe e peccati commessi, proponendosi
di fare penitenza.

1. b estens., provare rammarico, rincrescimento per aver compiuto
   o non compiuto un'azione.
2. estens., ricredersi, mutare opinione, parere, comportamento.

Sabatini Coletti는 논항의 개수를 표기했을 뿐만 아니라 그것을
사용해서 심상여격을 따로 표기하지 않고 간단하게 처리를 하였다.
문제점은 대명 자동사를 재귀 동사로 표기했다는 것이다.

(30) Sabatini – Coletti pentirsi v.rifl.(1 argom)

1. Provare rimorso per qlco. di male che si è compiuto, con
   l'argom. introd. dalla prep. di.
2. estens. Rammaricarsi di un'azione fatta o non fatta; essere
   insoddisfatto di qlco.; cambiare idea riguardo a qlco.

근본적인 속성은 재귀 동사는 타동사이고, 대명 자동사는 자동사
에 속하며, 통사적인 현상에서 확연히 차이가 남에도 불구하고, 구
분하지 않았다는 것은 심각한 문제로 보인다.

2.3 잉여성? 필요성?

DeAgostini 출판사의 924쪽짜리 손바닥 크기의 이탈리아어 소사전 Dizionario Della Lingua Italiana에서 재귀 동사와 대명 자동사를 세었을 때 철자 A부터 D까지 단어 중에 재귀 동사 171개이고, 대명 자동사가 120개로 나타났다.[8] 이때 쪽수는 270이다. 그렇다면 (재귀 동사＋대명 자동사)*3.4 하면 대략 개수가 989개가 나타난다.

재귀 대명사가 접사화되어 동사로 나타나는 언어에서 파생된 재귀 동사류가 파생되기 전 단어로부터 규칙성이 나타난다면, 사전에 표기를 한다는 것은 잉여적이라고 말할 수 있을 것이다. 반대로 규칙성을 포착하지 못한다면, 그리고 파생되기 전 단어와 직접적인 관련성이 떨어진 센스가 있다면 사전에 표기하는 것이 필요하다고 말할 수 있을 것이다. 예를 들어서 De Mauro 사전에서 lavare 동사를 보기로 하자.

(31) De Mauro lavare v.tr

　　1. rendere pulito mediante l'uso dell'acqua o l'impiego di sostanze detergenti.

　　2. fig., togliere via, cancellare.

　　3. CO gerg., riciclare denaro proveniente da azioni criminose in attività legali

---

8) Levin(1993: 84)에는 온전히 재귀 대명사와 결합할 수 있는 동사만 있는 것이 아니라, 중간태 동사에 유사한 부류도 포함되어 있다. 이탈리아어에서 중간태 동사 관련 부분은 문법에서 다루어지고 있고, 어휘적으로는 다루어지고 있지는 않다.

4. OB LE di un fiume o del mare, bagnare un territorio:
   quelle isole estreme | che da Levante il mar Indico lava
   (Ariosto)

5. TS industr., tecn., effettuare un'operazione di lavaggio

6. TS pitt., nella tecnica dell'acquerello, sfumare col pennello
   bagnato d'acqua o di colore molto diluito

(32) De Mauro lavarsi v.pronom.tr. e intr. (=28) 재인용

   1. v.pronom.tr., rendere pulita una parte del proprio corpo.

   2. v.pronom.intr., lavare il proprio corpo.

   3. v.pronom.intr. BU fig., purificarsi, riscattarsi da qcs. che
      preoccupa, che opprime l'animo

   4. v.pronom.intr. OB LE di regione, territorio, essere bagnato
      da un fiume.

바로 위의 파생된 재귀 동사류의 1번 센스는 1번에서 파생된 것
으로 이야기할 수 있을 것이다. 왜 2, 3, 4, 5, 6은 아니고 1번이냐
고 묻는다면 한 단어에서 기본적인 개념이 있고, 그 개념에서 다른
개념으로 파생되었고, 기본적인 개념이 재귀 대명사로 접사화된다
고 말할 수도 있을 것이다. 그렇다면 파생되기 전에 단어의 센스가
없는 3번과 4번에 대해서는 대답할 수 없다. 그래서 이 연구에서는
재귀 동사류의 표기는 잉여적인 것이 아니라 필요하다고 본다.

3. 결 론

이탈리아어의 재귀 동사는 라틴어의 굴절 어미 −tur로부터 −rsi
가 나타나게 된다. 초기에는 재귀적인 의미를 갖던 것들이 분화되
고 수동의 의미를 갖기도 하고, 비인칭의 의미도 갖는 중간 영역이
오늘날에도 존재하게 된다.[9] 분화된 요소들이 재귀 동사류와 비재
귀 동사류로 구분되어 재귀 동사류는 사전에 등재되고, 비재귀 동
사류는 문법에서 각각 다루어지고 있다.

영어에서는 재귀 구문에 대해서 언급될 때 재귀 동사보다는 재
귀 대명사로 국한되지만 Levin(1993)에 의하면 재귀 대명사와 결합
하는 동사는 따로 어휘 항목으로 세분되어야 함을 보았다. 그리고
더 세분화되어 접사화된 언어의 사전만큼이나 잘 구분된 목록이
필요함을 보았다.

재귀 동사류가 파생되기 이전의 단어가 갖지 않는 의미를 갖는
다는 것은 잉여적이지 않고 오히려 사전에 꼭 등재되어야 하는 필
수적인 정보이다. 접사로 어휘화되어 있는 언어에서는 당연한 문법
화의 결과이기도 하다.

---

9) Stefanini(1982: 103) 참조.

참고문헌

이한사전, 3판 1쇄, 한국외국어대학교, 1992.

De Mauro Il dizionario della lingua italiana, http://www.demauroparavia.it, 2008.

Dizionario Garzanti di italiano, CD, Garzanti, 2006.

Dizionario Della Lingua Italiana, DeAgostini, 1994.

Il Devoto – Oli Vocabolario della lingua italiana, CD, Le Monnier, 2007.

Il Sabatini Coletti Dizionario della lingua italiana, Rizzoli Larousse, 2003.

김운용(1998) "이태리어의 접어의 위치", 『서유럽연구 4호』, 한국외국어대학교.

김운용(1999a) "이태리어 접어의 형태 – 통사론적 분석 – HPSG적 관점으로", 박사학위논문, 한국외국어대학교.

김운용(1999b) "접어 ne에 대한 분석", 『이문논총』, 한국외국어대학교 대학원.

김운용(2000) "이태리어 접어의 어순", 『이어이문학 6집 2권』, 한국이어이문학회.

김운용(2001) "접어 ne와 부분 대명사 접어 ne", 『이어이문학 8집』, 한국이어이문학회.

김운용(2003) "이태리 접어와 일치", 『이어이문학 10집』, pp.55 – 100.

김운용(2004a) "이탈리아어의 조동사의 분류와 형태 – 통사적 특징", 『언어와 언어학』, 한국외국어대학교.

김운용(2004b) "일치의 방향성에 대해서", 『EU 연구 15집』, 한국외국어대학교.

김운용(2007) "이탈리아어 강형태 대명사의 재조명: 접어 현상을 중심으로", 『이탈리아어문학 20집』, 한국이어이문학회.

김운용(2008a) "간접 목적 대명사 loro는 접어인가?", 『이탈리아어문학 23집』, 한국이어이문학회.

김운용(2008b) "이탈리아어의 재귀사에 관하여", 『이탈리아어문학 24집』, 한국이어이문학회.

손세모돌(1992) "국어보조 동사의 특성", 『한양어문학회』v.10, pp.5 – 37.

채희락 (1996) "한국어의 명사류와 범범주 '소단위들'", 언어와 언어학 22, 한국외국어대학교 언어연구소.

황경자역 (1992) Emil Benveniste, 『일반 언어학의 제문제 Ⅰ』, 서울, 민음사.

Asher, R. E.(1994) *The Encyclopedia of Language and Linguistics*, Pergamon.

Barlow, Micheal(1992) *A Situated Theory of Agreement*, New Yok, Garland.

Beccaria, Gian Luigi(1994) *Dizionario di Linguistica e di Filologia*, Metrica, Retorica, Torino, Einaudi.

Belletti, Adriana, and Luigi Rizzi(1981) "The Syntax of *Ne*: Some Theoretical Implications", The Linguistic Review 1, pp.117 – 154.

Bertinetto, Pier Marco(1991) "Il verbo", in Renzi Lorenzo(ed.) *Grande Grammatica Italiana* di Consultazione, Vol.2, Bologna, Il Mulino.

Bloomfield, L(1933) *Language*, Holt.

Bonati, Giuliano(1980) *Grammatica rinnovata della lingua italiana*, Milano, Le Stelle.

Borsley, Robert(1991) *Syntactic Theory: A Unified Approach*, Edward Arnold.

Brown, Keith and Jim Miller(1996) *Concise encyclopedia of syntactic theories*, Oxford, Cambridge Univ. Press.

Burzio, Luigi(1986) *Italian Syntax*, Dordrecht, Reidel.

Calabrese, Andrea(1988) "I dimostrativi: pronomi e aggettivi", in Renzi Lorenzo (ed.) *Grande Grammatica Italiana di Consultazione*, Vol.1, Bologna, Il Mulino, pp.549－592.

Cardinaletti, Anna and Starke, Michel(1991) "The typology of structural deficiency: a case study of the three classes of pronouns", *Clitics in the Languages of Europe*, Henk van Riemsdijk(ed.), 145－233. Berlin and New York: Mouton de Gruyter.

Cardinaletti, Anna(1991) "On Pronoun Movement: The Italian Dative *Loro*", Probus 3.2 pp.127－153.

Cecilia, Andorno(1999) *Dalla grammatica alla linguistica: Basi per uno studio dell'italiano*, Torino, Paravia.

Chiuchiù, Angelo, Fausto Minciarelli and Marcello Silvestrini(1990) *In Italiano*, Perugia, Guerra.

Cinque, Guglielmo(1995) *Italian Syntax and Universal Grammar*, Cambridge University Press.

Cinque, Guglielmo(1999) *Adverbs and functional heads: A cross－linguistics perspective*, Oxford University Press.

Corbett, Greville G.(1998) "Morpology and Agreement", in Spencer, AndrewandArnold M. Zwicky(ed.), *The Handbook of Morphology*, Massachusetts, Blackwell.

Cordin, Patrizia and Andrea Calabrese(1989) "I pronomi personali", in Renzi Lorenzo(ed.) *Grande Grammatica Italianadi Consultazione*, Vol.1, Bologna, Il Mulino.

Cordin, Patrizia(1989) "I pronomi riflessivi", in Renzi Lorenzo (ed.) *Grande Grammatica Italiana di Consultazione*, Vol.1, Bologna, Il Mulino.

Dardano, Maurizio e Pietro Trifone(1985) *La lingua italiana,* Bologna, Zanichelli.

Desclés, Jean－Pierre, Guentchéva e Sebastian Shaumyan(1988) "Theoretical Analysis of Reflexivization in The Framework of Applicative

Grammar", *Liguisticæ Investigationes* 10:1. Amsterdam, John Benjamins, pp.1 – 65.

Donna Jo, Napoli(1975) "A Global Agreement Phenomenon", *Linguistic Inquiry*, v. 6, pp.413 – 435.

Egerland, Verner(2005) "Diachronic change and pronoun status: Italiano dative *loro**", Linguistics 43 – 6, pp.1105 – 1130.

Emonds, Joseph(1978) "The Verbal Complex v' – v in French", in *Linguistics*, v9, pp.151 – 175.

Graffi, Giorgio(1994) *Sintassi*, Bologna, Il Mulino.

Guasti, Maria Teresa(1991) "La struttura interna del sintagma aggetivale", in Renzi Lorenzo (ed.) *Grande Grammatica Italiana di Consultazione*, Vol.1, Bologna, Il Mulino.

Huddlestone, Rodney e Geoffrey K. Pullum(2002) *The Cambridge Grammar of the English Language*, Cambridge Univ. press.

Imme Kuchenbrandt, Tanja Kupisch, Esther Rinke(2005) "Pronominal Objects in Romance: Comparing French, Italian, Portuguese, Rumanian and Spanish", *ARBEITEN ZUR MEHRSPRACHIGKEIT*, Folge B, Nr. 67.

Inglese, Mario(2002) "Sintassi e prgmatica del pronome *loro*", in Italica v. 79 pp.466 – 478.

Jong – Bok, Kim(2002) *English Auxiliary Contractions and Related Phenomena: From a Constraint – based Perspective*, ms.

Kathol, Andreas(1997) *Agreement and the Syntax – Morphology Interface in HPSG*, ms, The Ohio State University.

La Fauci, Nunzio & Carol Rosen(1993) *Past Participle Agreement in Five Romance Varieties*, ms.

Langendoen, D. T.(1969) *The Study of Syntax*, New York, Holt, Rinehart and Winston.

Lepschy, Anna L. and Giulio Lepschy(1988) *The Italian Language today*, London, Routledge.

Lepschy, Giulio(1989) *Nuovi Saggi di Linguistica Italiana*, Bologna, Il

Mulino.

Levin, Beth(1993) *English Verb Classes and Alternations: A Preliminary Investigation*, Univ. of Chicago Press.

Lichtenberk F.(1994) "Reflexive and Reciprocals" in E. Asher e J. Simpson (eds) *The Encyclopedia of Language and Linguistics*, Pegamon Press.

Maiden, Martin(1995) *A Linguistic History of Italian*, Longman.

Manning, Christopher D.(1997) *Romance Complex Predicates: In defence of theright − branching structure*, draft.

Monachesi, Paola(1993a) "Object Clitics and Clitic Climbing in Italian HPSG Grammar", in *Proceedings of the Sixth Conference of the European Chapter of the Association for Computational Linguistics*, Utrecht, pp.437 − 442.

Monachesi, Paola(1993b) "On Si constructions in Italian HPSG grammar", in Andreas Kathol and Michael Bernstein (eds.) *Proceedings of the Tenth Meeting of the Eastern States Conference on Linguistics*, Ithaca, Cornell University, pp.223 − 234.

Monachesi, Paola(1994) "Towards a Typology of Italian Clitics", in *Papers from the 30th Regional Meeting of the Chicago Linguistic Society*, Chicago, Illinois, CLS, pp.266 − 270.

Monachesi, Paola(1995) *A Grammar of Italian Clitics*, doctoral dissertation, Tilburg University.

Monachesi, Paola(1998) "Decomposing Italian clitics", in S. Balari and L. Dini (eds.) *Romance in HPSG,* CSLI publications. Stanford, pp.305 − 357.

Moretti, Giovanni Battista(1992) *L'italiano come seconda lingua*, v.1, Perugia, GuerraEdizioni.

Nespor, Marina(1994) "The phonology of Clitic Groups", in L. Hellan & H. Van Riemsdijk (eds.) *Clitic Doubling and Clitic Group*, EURO-TYP working papers, pp.67 − 90.

Olsen, Mari Broman and Philip Resnik(1997) "Implicit object constructions and the (In)transitivity Continuum", *CLS 33*, pp.327－336.

Perlmutter, David(1971) *Deep and surface structure constraints in Syntax.* Holt Rinehart and Winston, Inc., New York.

Pollard, Carl and Ivan A. Sag(1994) *Head－Driven Phrase Structure Grammar*, CSLI Publications and University of Chicago Press.

Pollock, Jean－Yves(1989) "Verb Movement, Universal Grammar, and the Structure of IP", in *Linguistic Inquiry*, v20, pp.365－424.

Quirk et al.(1985) *A comprehensive Grammar of the English Language*, London, Longman.

Radford, Andrew(1977) *Italian Syntax*, London, Cambridge Univ. Press.

Radford, Andrew(1988) *Transformational Grammar*: *A First Course*, Cambridge, Cambridge Univ. Press.

Radford, Andrew(1997) *Syntactic Theory and The Structure of English*: *A Minimalist Approach*, Cambridge, Cambridge Univ. Press.

Regula, M. and J. Jerne(1965) *Grammatica Italiana Descrittiva*, München: Franke Verlag Bern.

Rizzi, Luigi(1982) *Issues in Italian Syntax*, Dordrecht, Foris.

Roberts, Ian(1991) "The nature of subject clitics in Franco－provençal Valdotain", *Clitics and their Hosts*, Henk van Riemsdijk and Luigi Rizzi (eds.), pp.303－330. Geneva and Tilburg: ESF－Eurotype.

Rohlfs, Gerhard(1968) *Grammatica storica della lingua italiana e dei suoi dialetti*, Ⅱ. *Morfologia*, Torino, Einaudi.

Rohlfs, Gerhard(1969) *Grammatica storica della lingua italiana e dei suoi dialetti*, Ⅲ. *Sintassi e formazione delle parole*, Torino, Einaudi.

Ross, J. R.(1969) "Auxiliaries as Main verbs", in W. Todd(ed.) *Studies in Philosophical Linguistics*: *Series one*, pp.77－102. Evanston, Ⅲ, Great Expectations.

Sag, Ivan I. and Tom Wasow(1999) *Syntactic Theory*: *A Formal Introduction*, Stanford, CSLI Publications.

Salvi Giampaolo(1991) "La frase semplice", in Renzi Lorenzo (ed.) *Grande Grammatica Italiana di Consultazione*, Vol.1, Bologna, Il Mulino.

Sanfilippo, Antonio(1993) "Grammatical Relations in Unification Categorial Grammar", *Lingua e Stile* 28, pp.171 – 200.

Schiannini, Donata(1982) *Il libro Garzanti della lingua italiana*, Garzanti.

Sensini, Marcello(1988) *Le parole e il testo*, Milano, Arnoldo Mondadori Editore.

Serianni, L.(1988) *Grammatica italiana. Italiano comune e lingua letteraria; suoni, forme, costrutti*, con la collaborazione di A. Castelvecchi, Utet, Torino.

Siewierska, Anna(1999) "From anaphoric pronoun to grammatical agreement marker: Why objects don't make it", in *Folia Linguistica X XXIII / 2*(= Greville G. Corbett (ed.) Special Issues on Agreement), pp.225 – 51.

Somers, H. L.(1987) *Valency and case in computational linguistics*, Edinburgh: Edinburgh Univ. Press.

Stefanini, R.(1982) "Reflexive, Impersonal and Passive in Italian and Florentine", in J. Jaeger et al.(eds.) *Proceedings of the 8th Annual Meeting of the Berkeley Linguistic Society*, 97 – 107.

Taylor, John R., (1995)(2nd edition) *Linguistic Categorization*: *Prototypes in Linguistic Theory*, Oxford, Clarendon Press.

Trask, Robert Lawrence(1983) *A Dictionary of Grammatical Terms in Linguistics*, New York, Routledge.

Wanner, Dieter(1987) "Clitic Pronouns in Italian: A Linguistic Guide", *Italica* v. 64, pp.410 – 442.

Wechsler, Stephen and Larisa Zaltić(2001) "A theory of agreement and its application to Serbo – Croatian", *Language* 76. 4, pp.799 – 832.

Zwicky, Arnold (1977) *On clitics*, Bloomington: Indiana University Linguistics Club.

Zwicky, Arnold (1985) "Clitics and Particles", *Language* 61.2.

Zwicky, Arnold and Geoffrey K. Pullum (1983) "Cliticization vs. Inflection: English *n't*",Language 59.3.

김운용

▌약 력

한국외국어대학교 이탈리아어과 학사/석사
한국외국어대학교 언어인지과학과 박사
이탈리아 시에나 대학교 박사후 과정(Post-doc)

▌저서

2004년, 『이탈리아어 문법』

▌역서

1996년 공역, 『꼬레아 꼬레아니』

이탈리아어 접어 속으로

초판인쇄 ｜ 2008년 11월 22일
초판발행 ｜ 2008년 11월 22일

지은이 ｜ 김운용
펴낸이 ｜ 채종준
펴낸곳 ｜ 한국학술정보㈜
주 소 ｜ 경기도 파주시 교하읍 문발리 513-5 파주출판문화정보산업단지
전 화 ｜ 031) 908-3181(대표)
팩 스 ｜ 031) 908-3189
홈페이지 ｜ http://www.kstudy.com
E-mail ｜ 출판사업부 publish@kstudy.com

등 록 ｜ 제일산-115호(2000. 6. 19)
가 격 ｜ 17,000원

ISBN 978-89-534-7521-2 93780 (Paper Book)
      978-89-534-7522-9 98780 (e-Book)